# CIENCIA ECONÓMICA

## Y EL

## MÉTODO AUSTRIACO

# HANS-HERMANN HOPPE

INSTITUTO MISES
AUBURN, ALABAMA

# Contenido

Contenido
HANS-HERMANN HOPPE ..................................................... 1

**PREFACIO** .................................................................. 3

**PRAXEOLOGÍA Y CIENCIA ECONÓMICA** .. 4

I ............................................................................... 4

II ............................................................................ 25

**SOBRE PRAXEOLOGÍA** ................................. 46

I ............................................................................. 46

II ........................................................................... 48

III .......................................................................... 62

IV .......................................................................... 81

Lecturas Recomendadas ............................. 83

SOBRE EL AUTOR ......................................... 86

# PREFACIO

Fue un día trágico cuando la Economía, la reina de las ciencias sociales, adoptó los métodos asociados con las ciencias naturales: el empiricismo y el positivismo. En el pensamiento económico, este cambio se produjo—no por casualidad—casi al mismo tiempo que los intelectuales y los políticos empezaron a creer en la eficacia de la planificación gubernamental. A pesar de sus fracasos, ambas doctrinas siguen siendo las religiones sin dios de nuestra época.

En este ensayo extraordinario, Hans-Hermann Hoppe extiende el argumento de Ludwig von Mises de que los métodos asociados a las ciencias naturales no pueden ser exitosamente aplicados a la teoría económica. El profesor Hoppe argumenta, entonces, a favor de la existencia del conocimiento a priori, la validez de la teoría pura, el uso de la lógica deductiva, la implacabi- lidad de las leyes económicas, y la idea que la economía es parte de la disciplina más grande de praxeología: la ciencia de la acción humana.

Si los economistas deben liberarse de los fallidos supuestos de que pueden predecir con precisión el futuro y, por tanto, que el Estado puede planificar la economía mejor que el mercado, tendrán que revisar los errores metodológicos fundamentales. Cuando eso suceda, el profesor Hoppe, el praxeólogo más sobresa- liente de hoy, habrá jugado un rol indispensable.

—Llewellyn H. Rockwell, Jr.
Ludwig von Mises Institute

# PRAXEOLOGÍA Y CIENCIA ECONÓMICA
# I

Es bien sabido que los austriacos están en fuerte desacuerdo con otras escuelas de pensamiento económico como los keynesianos, los monetaristas, Public Choicers, historicistas, institucionalistas y los marxistas.[1] El desacuerdo es mucho más evidente, por supuesto, cuando se habla de política económica y de propuestas de política económica. A veces también existen alianzas entre los austriacos y, en particular, los de Chicago y los Public Choicers. Ludwig von Mises, Murray N. Rothbard, Milton Friedman, y James Buchanan, por citar algunos nombres, a menudo se unieron en esfuerzos para defender la economía de libremercado de sus detractores social-demócratas y socialistas.

Sin embargo, por muy importantes que tales acuerdos ocasionales por razones tácticas o estratégicas sean, sólo son superficiales, porque esconden unas diferencias fundamentales entre la escuela austriaca, como representada por Mises y Rothbard, y todas las demás. La diferencia fundamental de la que todos los desacuerdos a nivel de teoría y política económica surgen— desacuerdos, por ejemplo, en cuanto a los méritos del patrón oro versus el dinero fiduciario, banca libre versus banca central, las implicancias de los mercados versus la acción del Estado sobre el bienestar, capitalismo versus socialismo, la teoría del interés y

---

[1] Los dos primeros ensayos están basados en dos lecturas dictadas en la "Conferencia de Instrucción Avanzada sobre Economía Austriaca," en el Ludwig von Mises Institute, Junio 21-27, 1987. El tercer ensayo es una reimpresión de *La Economía y Ética de la Propiedad Privada* (Kluwer Academic Publishers en 1993), pp. 141-64.

el ciclo económico, etc.—se refiere a la respuesta de la pregunta primera que todo economista tiene que plantearse: ¿Cuál es el objeto de la economía, y qué tipo de proposiciones son los teoremas económicos?

La respuesta de Mises es que la economía es la ciencia de la acción humana. En sí mismo esto no suena muy controversial. Pero luego Mises dice sobre la ciencia económica:

> Sus enunciados y proposiciones no se derivan de la experiencia. Son a priori, como los de la lógica y la matemática. No están sujetos a verificación y falsación en base a experimentación y hechos. Son, a la vez, lógica y temporalmente anteriores a toda comprensión de hechos históricos. Son un requisito necesario para cualquier entendimiento intelectual de acontecimientos históricos.[2]

Es este entendimiento de la economía como ciencia a priori—ciencia cuyas proposiciones pueden tener una rigurosa justificación lógica—lo que distingue a los austriacos, o más precisamente a los misesianos, de todas las otras escuelas de economía actuales. Todas las otras conciben la economía como una ciencia empírica, como la física, que desarrolla hipótesis que requieren comprobación empírica continua. Y todos ven la idea de Mises como dogmática y no-científica, de que los teoremas económicos—como la ley de la utilidad marginal, o la ley de los retornos, o la teoría de interés por preferencia intertemporal y la teoría de los ciclos económicos—tienen prueba definitiva al demostrarse que tratar de negarlos es una contradicción plena.

Para enfatizar el estatus de la economía como ciencia pura—ciencia que tiene más en común con una disciplina como la lógica aplicada que, por ejemplo, con las ciencias naturales empíricas—

---

[2] Ludwig von Mises, La Acción Humana (Chicago: Henry Regnery, 1966), p.32

Mises propone el término "praxeología" (la lógica de la acción) para la rama del conocimiento ejemplificado por la economía.³

El punto de vista de Mark Blaug, muy alto represen- tante del pensamiento metodológico del mainstream, ilustra esta oposición casi universal al Austrianismo. Blaug dice de Mises, "Sus escritos sobre los fundamen- tos de la ciencia económica son tan enredados e idiosincráticos que uno sólo puede preguntarse si alguien los ha tomado en serio."⁴

Blaug no proporciona argumento alguno para justificar su indignación. Su capítulo sobre Austrianismo simplemente termina con esa declaración. ¿Podría ser que el rechazo de Blaug y otros al apriorismo de Mises tiene más que ver con el hecho de los altos estándares de rigor argumentativo, que la metodología apriorista implica, demostraron ser demasiado para ellos?⁵

---

³ El trabajo metodológico de Mises está contenido principalmente en sus *Problemas Epistemológicos de la Economía* (New York: New York University Press, 1981); *Teoría e Historia* (Washington, DC: Ludwig von Mises Institute, 1985); *El Fundamento Último de la Ciencia Económica* (Kansas City, Kansas. Sheed Andrews y McMeel, 1978); *La Acción Humana*, Parte I.

⁴ Mark Blaug, *La Metodología de la Economía* (Cambridge: Cambridge University Press, 1980), p. 93; para una declaración de indignación similar véase Paul Samuelson, *Collected Scientific Papers*, vol. 3 (Cambridge, Mass.: Harvard University Press, 1972), p 761.

⁵ Otro prominente crítico de la praxeología es Terence W. Hutchison, *La Significancia y los Postulados Básicos de la Teoría Económica* (Londres: Macmillan, 1938). Hutchison, igual que Blaug, un partidario de la variante popperiana del empiricismo, se ha vuelto mucho menos entusiasta sobre las perspectivas de avanzar la economía sobre las líneas empiricistas (véase, por ejemplo, su *Conocimiento e Ignorancia en Economía* [Chicago: University of

¿Qué llevó a Mises a su caracterización de la economía como una ciencia a priori? Desde la perspectiva actual podría ser sorprendente escuchar que Mises no veía su concepción como fuera de la visión mayoritaria que prevalecía a principios del siglo XX. Mises no quería prescribir lo que los economistas debían hacer en lugar de lo que realmente estaban haciendo. Por el contrario, él vio a su logro como filósofo de la economía en sistematizar y hacer explícito lo que la economía realmente era, y como era implícitamente concebida por casi todo aquel que se hacía llamar economista.

Y este es de hecho el caso. Al dar una explicación sistemática de lo que antes era sólo conocimiento implícito y tácito, Mises introdujo algunas distinciones conceptuales y terminológicas que anteriormente eran poco claras y desconocidas, al menos en el mundo de habla inglesa. Pero su posición sobre el status de la economía estaba esencialmente en completo acuerdo con el entonces punto de vista ortodoxo en la materia. Ellos no empleaban el término "a priori," pero la corriente principal de economistas como Jean Baptiste Say, Nassau Senior y John E. Cairnes, por ejemplo, describían la economía de forma similar.

Say escribió: "Un tratado de economía política . . . estará confinado a la enunciación de algunos principios generales, no requiriendo si quiera pruebas o ilustraciones; porque ellos no

---

Chicago Press, 1977]; y *La Política y La Filosofía de la Economía* [Nueva York: New York University Press 1981]), sin embargo, él aún no ve alternativa al falsacionismo de Popper. Una posición y desarrollo muy similar a Hutchison se encuentra en H. Albert (véase su temprana *Marktsoziologie und Entscheidungslogik* (Neuwied: 1967). Para una crítica a la posición empiricista, véase Hans-Hermann Hoppe, *Kritik der kausalwissenschaftli- chen Sozialforschung. Unterschungen zur Grundlegung von Soziologie und Ökonomie* (Opladen: 1983), "¿Es Posible la Investigación Basada en Principios Científicos Causales en las Ciencias Sociales?" *Ratio 25*, no. 1

serán sino la expresión de lo que cada uno sabe, arreglados de forma conveniente para comprenderlos, así como en su totalidad y en su relación de uno con otro." Y "la economía política . . . mientras los principios que constituyen su base sean deducciones rigurosas de hechos generales innegables, descansa sobre una base inmovible."[6]

Según Nassau Senior, "las premisas [económicas] consisten en unas pocas proposiciones generales, resultado de observaciones, o consciencia, y apenas requiriendo prueba, o incluso declaración formal, que casi todo hombre, tan pronto como las escucha, las admite como familiares a su pensamiento, o por lo menos como incluidas en su conocimiento previo; y sus inferencias son casi tan generales, y, si él ha razonado correctamente, tan ciertas como sus premisas." Y los economistas deberían ser "conscientes de que la ciencia depende más del razonamiento que de la observación, y que su principal dificultad consiste no en la certificación de los hechos, sino en el uso de sus términos."[7]

Y John E. Cairnes remarcó que mientras "la humanidad no tiene conocimiento directo de los principios físicos últimos" ... "el economista comienza con el conocimiento de las causas últimas." ... "El economista entonces debe ser considerado desde el principio de sus investigaciones como en posesión ya de esos principios últimos que rigen los fenómenos que constituyen el objeto de su estudio, descubrimiento que en el caso de la investigación física constituye para el investigador su tarea más ardua." "Conjetura [en economía] estaría manifiestamente fuera de lugar, en la medida en que poseemos en nuestra conciencia y en el testimonio de nuestros sentidos prueba directa y fácil de eso que deseamos conocer. En economía política, en consecuencia, la

---

[6] Jean-Baptiste Say, Tratado de Economía Política (New York: Augustus Kelley, [1880] 1964, p. xx, xxvi.

[7] Nassau Senior, Un Esbozo de la Ciencia de la Economía Política (New York: Augustus Kelley, [1836] 1965), pp. 2-3,5.

hipótesis nunca se utiliza como ayuda para el descubrimiento de las últimas causas y leyes."⁸

La opinión de los predecesores de Mises, Menger, Böhm-Bawerk y Wieser, es la misma: Ellos, también, describen la economía como una disciplina a cuyas proposiciones pueden—en contraste con las de las ciencias naturales—se les puede dar una justificación última. Una vez más, sin embargo, ellos lo hacen sin utilizar la terminología empleada por Mises.⁹

Y por último, la caracterización epistemológica de Mises sobre la economía era también considerada muy ortodoxa—y, ciertamente no idiosincrática, como Blaug pensaba—después de haber sido explícitamente formulada por Mises. El libro de Lionel Robbins, *La Naturaleza y Significado de la Ciencia Económica*, que apareció por primera vez en 1932, no es más que una versión ligera de la descripción de Mises de la economía como la praxeología. Sin embargo, fue respetada por la profesión de

---

⁸ John E. Cairnes, El Carácter y el Método lógico de la Economía Política (Nueva York: Augustus Kelley, 1965), p. 83,87,89 -90,95-96.

⁹ Véase Carl Menger, *Untersuchungen über die der Methoden Sozialwissenschaften* (Leipzig: 1883); Idem, *Die Irrtümer des Historismus in der Deutschen Nationalökonomie* (Viena: 1884); Eugen von Böhm-Bawerk, *Schriften*, F. X. Weiss, ed. (Viena 1924); Friedrich von Wieser, *Theorie der Wirtschaft gesellschaftlichen* (Tübingen: 1914); idem, *Gesammelte Abhandlungen* (Tübingen: 1929). Para una evaluación de Mises a sus predecesores, ver sus *Problemas Epistemológicos de la Economía*, pp. 17-22. El término "a priori" en relación con los teoremas económicos también es utilizado por Frank H. Knight; sus escritos metodológicos, sin embargo, carecen de rigor sistemático. Véase su "¿Qué Es Verdad en Economía", en *Sobre la Historia y el Método de la Economía*, de Knight (Chicago: University of Chicago Press, 1956); y "Las Limitaciones del Método Científico en Economía", en *La Ética de la Competencia*, de Knight (Chicago: ¿University of Chicago Press, 1935)?

economía como la guía metodológica por casi veinte años.

De hecho, Robbins, en su prefacio, explícitamente señala a Mises como la fuente más importante de su propia posición metodología. Y Mises y Richard von Strigl—cuya posición es esencialmente indistinguible de la de Mises[10]—son citados con aprobación en el texto con más frecuencia que cualquier otra persona.[11]

Sin embargo, interesante como puede ser todo esto para una evaluación de la situación actual, es sólo historia. ¿Cuál es, entonces, la razón de los economistas clásicos para ver su ciencia como diferente a las ciencias naturales? ¿Y qué hay detrás de la reconstrucción explícita de Mises de tal diferencia como una entre una ciencia a priori y un posteriori? Fue el reconocimiento de que el proceso de validación—el proceso de descubrir si una proposición es verdadera o no—es diferente ambos campos de estudio.

---

[10] Richard von Strigl, *Die ökonomischen Kategorien und die Organisationder Wirtschaft* (Jena: 1923).

[11] Vale la pena mencionar que la posición metodológica de Robbins, al igual que la de Friedrich A. Hayek, se hizo cada vez menos misesiana con el tiempo debido principalmente a la influencia de Karl R. Popper, su colega en el London School of Economics. Véase de Lionel Robbins, *Una Autobiografía de un Economista* (London: Macmillan, 1976); el desacuerdode Hayek con la praxeología de Mises ha sido recientemente reafirmada en su "Einleitung" en *Erinnerungen* de Ludwig von Mises (Stuttgart: 1978). Elveredicto completamente negativo de Mises a Popper puede encontrarse ensu *El Fundamento Último de la Ciencia Económica*, p. 70. En apoyo a esteveredicto véase también Hans H. Hoppe *Kritik der kausalwissenschaftlichen Sozialforschung* (Opladen: Westdeutscher Verlag, 1983), pp. 48-49.

Revisemos brevemente primero a las ciencias naturales. ¿Cómo sabemos las consecuencias de someter un material de la naturaleza a pruebas específicas, digamos, si lo mezclamos con otro tipo de material? Obviamente no lo sabemos antes de realmente experimentarlo y observar lo que sucede. Podemos hacer una predicción, por supuesto, pero nuestra predicción es sólo hipotética, y se necesitan observaciones para saber si estamos en lo correcto o no.

Además, aunque hayamos observado algún resultado específico, digamos que la mezcla de los dos materiales produjo una explosión, ¿podemos estar seguros de que ese resultado se producirá invariablemente siempre que mezclemos esos materiales? De nuevo, la respuesta es no. Nuestras predicciones aún serán, y de forma permanente, hipotéticas. Es posible que una explosión sólo se produzca si ciertas condiciones—A, B y C—se cumplen. Sólo podemos saber si es o no es el caso, y cuáles son esas condiciones, si nos embarcamos en experimentos de prueba y error al infinito. Eso permite mejorar progresivamente nuestro conocimiento sobre el rango de aplicación de nuestra predicción hipotética original.

Ahora pasemos a algunas proposiciones económicas típicas. Consideremos el proceso de validación de una proposición tal como la siguiente: Cuando dos personas $A$ y $B$, participan en un intercambio voluntario, ambas tienen que esperar beneficiarse de ella. Y tienen que tener ordenamientos de preferencias inversos en los bienes y servicios que intercambian, de manera que $A$ valora más lo que recibe de $B$ que lo que da a $B$, y $B$ tiene que valorar al revés las mismas cosas.

> O considere esto: Toda vez que un cambio no es voluntario, sino forzado, una parte se beneficia a expensas de la otra.

> O la ley de utilidad marginal: Siempre que la oferta de un bien aumenta en una unidad adicional, dado que cada unidad sea considerada por una persona como capaz de proveer el mismo servicio, el valor asignado a esa unidad tiene que disminuir.

Porque esta unidad adicional puede sólo ser empleada como medio para la consecución de un objetivo que se considera menosvalioso que el objetivo menos valorado satisfecho por una unidad de tal bien si la oferta tuviese una unidad menos.

O la ley ricardiana de asociación: De dos productores, si $A$ es más productivo que $B$ en la producción de dos tipos de bienes, aún pueden ellos participar en una división del trabajo mutuamente beneficiosa. Esto es así porque la productividad física total es mayor si $A$ se especializa en la producción del bien que puede producir con mayor eficiencia, en lugar que $A$ y $B$ produzcan ambos bienes por separado y de forma autónoma.

U otro ejemplo: Cuando se implementan leyes de salario mínimo que requieren salarios más altos que los salarios de mercado existentes, se produce desempleo involuntario.

O, como último ejemplo: Toda vez que la cantidad de dinero se incrementa, mientras no cambia la demanda de dinero que se mantiene como reserva de efectivo en mano, el poder adquisitivo del dinero cae. Teniendo en cuenta tales proposiciones, ¿es el proceso de validación utilizado para determinar la veracidad o falsedad de ellas del mismo tipo que el utilizado para las proposiciones en las ciencias natura- les? ¿Son hipotéticas tales proposiciones en el mismo sentido que la proposición respecto a los efectos de mezclar dos tipos de materiales naturales? ¿Tenemos que probar continuamente las proposiciones económicas con observaciones? Y ¿se requiere un proceso de prueba y error al infinito para conocer el rango de aplicación de estas proposiciones y mejorar nuestro conocimiento gradualmente, como en el caso de las ciencias naturales?

Parece bastante evidente—excepto para la mayoría de economistas durante los últimos cuarenta años— que la respuesta a estas preguntas es un claro e inequívoco No. Que $A$ y $B$ tienen que esperar obtener ganancias y tener ordenamientos de preferencias inversos se desprende de nuestra comprensión de lo que es un intercambio. Y lo mismo respecto al caso de las consecuencias de un intercambio coercitivo. Es inconcebible que las cosas pudiesen ser diferentes: Así era hace un millón de años atrás, y así será un millón de años más adelante. Y el rango de aplicación de tales proposiciones es claro y se entiende en un solo momento, de una vez por todas: Son verdaderas cada vez que algo es intercambio voluntario o intercambio coercitivo, y no hay nada más que decir.

No hay diferencia respecto a los otros ejemplos dados. Que la utilidad marginal de las unidades adicionales de la oferta de bienes homogéneos tiene que disminuir se desprende de la indiscutible afirmación que cada persona que actúa prefiere siempre lo que le satisface más a lo que le satisface menos. Es simplemente absurdo pensar que se requieren experimentos continuos para establecer tal proposición.

La ley ricardiana de asociación, al mismo tiempo que la delineación de su ámbito de aplicación establecida de una sola vez, también se deduce lógicamente de la existencia misma de la situación descrita. Si $A$ y $B$ son diferentes como se ha descrito y de acuerdo a eso existe una ratio de sustitución tecnológica de los bienes producidos (una tasa para $A$ y una para $B$), entonces si se embarcan en una división del trabajo como la caracterizada por la ley, la producción física tiene que ser mayor de lo que hubiese sido en otro caso. Cualquier otra conclusión es lógicamente defectuosa.

Lo mismo es cierto respecto a las consecuencias de las leyes del salario mínimo o del aumento de la cantidad de dinero. Un aumento del desempleo y una disminución en el poder adquisitivo del dinero son las consecuencias lógicamente implicadas en la descripción misma de la condición inicial, como indicado en las proposiciones usadas. De hecho, es absurdo considerar estas predicciones como hipotéticas y pensar que su validez no puede ser establecida independientemente de las observaciones, es decir, imponiendo leyes de salario mínimo o imprimiendo más dinero, y observan- do lo que sucede.

Para usar una analogía, es como si alguien quisiera establecer el teorema de Pitágoras midiendo los lados y los ángulos de los triángulos. De la misma forma que uno comentaría sobre tal asunto, ¿no tendríamos que decir que pensar que las proposiciones económicas tienen que ser probadas empíricamente es un signo de confusión intelectual?

Pero Mises no simplemente se da cuenta de esta diferencia obvia entre la economía y las cienciasempíricas. Él nos hace entender la naturaleza de esta diferencia y nos explica cómo y por qué una disciplina única como la economía, que nos enseña algo sobre la realidad sin requerir observaciones, puede existir. Ése es el logro de Mises que difícilmente puede pasarse por alto.

Para entender mejor su explicación, debemos hacer una excursión al campo de la filosofía, más precisamente al campo de la filosofía del conocimiento o epistemología. En particular, debemos examinar la epistemología de Immanuel Kant como desarrollada más completamente en su *Crítica de la Razón Pura*. La idea de Mises sobre praxeología está claramente influenciada por Kant. Esto no quiere decir que Mises sea un simple kantiano. De hecho, como señalaré más adelante, Mises lleva la epistemología kantiana más allá de donde el mismo Kant la dejó. Mises mejora la filosofía kantiana de una forma que hasta este mismo día ha sido completamente ignorada y poco apreciada por los filósofos kantianos ortodoxos. Sin embargo, Mises toma de Kant sus distinciones conceptuales centrales y terminológicas, así como algunas ideas kantianas fundamentales sobre la naturaleza del conocimiento humano. Por lo tanto, debemos revisar a Kant.

Kant, en el curso de su crítica al empiricismo clásico, en particular al de David Hume, desarrolló la idea de que todas nuestras proposiciones pueden clasificarse dedos formas: Por un lado son analíticas o sintéticas, y porel otro lado son a priori o a posteriori. El significado de estas distinciones, de forma corta, es el siguiente. Las proposiciones son analíticas cada vez que los medios de la lógica formal son suficiente para averiguar si son verdaderas o no, de lo contrario son proposiciones sintéticas. Y las proposiciones son a posteriori cuando se necesitan observaciones para establecer su verdad, o por lo menos para confirmarlas. Si no se necesitan observaciones entonces las proposiciones son a priori.

La marca característica de la filosofía kantiana es la afirmación de que existen proposiciones sintéticas a priori verdaderas—y es porque Mises se adhiere a esta afirmación de que se le puede llamar kantiano. Proposi- ciones sintéticas a priori son aquellas cuya veracidad puede ser establecida de forma definitiva, aunque para hacerlo los medios de la lógica formal no sean suficien- tes (aunque, por supuesto, necesarios) y las observa- ciones no sean necesarias.

De acuerdo a Kant, la matemática y la geometría son ejemplos de proposiciones sintéticas a priori verdade- ras. Pero él también pensaba que una proposición como el principio general de causalidad—esto es, la afirma- ción de que hay causas que operan de forma invariable en el tiempo, y que cada evento está integrado en una red tales causas—es una proposición sintética a priori verdadera.

No puedo entrar aquí a explicar en detalle cómo Kant justifica esa idea.[12] Unas pocas consideraciones tendrán que ser suficiente. En primer lugar, ¿cómo se deriva la verdad de tales proposiciones, si la lógica formal no es suficiente y las observaciones no son necesarias? La respuesta de Kant es que la verdad se deriva de axiomas materiales auto-evidentes.

¿Qué hace a estos axiomas auto-evidentes? Kant responde, no es

---

[12] [12]Una brillante interpretación y justificación de la epistemología apriorística de Kant se encuentra en F. Kambartel, *Erfahrungund Struktur. Bausteine zu einer Kritik des Empirismus und Formalismus* (Frankfurt/M.:1968), especialmente el capítulo 3, véase también Hans-Hermann Hoppe, *Handeln und Erkennen* (Bern: 1976).

porque sean evidentes en un sentido psicológico, en cuyo caso seríamos conscientes de ellos de forma inmediata. Por el contrario, Kant insiste, es usualmente mucho más laborioso descubrir tales axiomas que descubrir una verdad empírica como que las hojas de los árboles son verdes. Son auto-evidentes porque uno no puede negar su verdad sin auto-contradecirse; esto es, al intentar negarlos uno de hecho admite, de forma implícita, que son verdaderos.

¿Cómo encontramos tales axiomas? Kant responde, reflexionando sobre nosotros mismos, entendiéndonos a nosotros mismos como sujetos pensantes. Y ese hecho—que la verdad de las proposiciones sintéticas a priori se deriva en última instancia de experiencias internas producidas mediante reflexiones—también explica por qué es posible que tales proposiciones puedan tener status de ser entendidas como necesaria-mente ciertas. La experiencia que se basa en observación sólo puede revelar las cosas como son; no hay nada en ella que indique porqué las cosas tienen que ser de la forma que son. Contrario a esto, sin embargo, Kant escribe, nuestra razón puede entender tales cosas como siendo necesariamente de la forma que son, "que ella misma ha producido de acuerdo a su propio diseño."[13]

En todo esto, Mises sigue a Kant. Sin embargo, como dije antes, Mises añade una idea extremadamente importante que Kant había sólo vagamente abordado. Ha sido una queja común contra el kantismo que tal filosofía parece implicar algún tipo de idealismo. Porque si, como Kant dice, las proposiciones sintéticas a priori verdaderas son proposiciones acerca de cómo nuestra mente funciona, y tiene necesariamente que funcionar, ¿cómo puede explicarse que tales categorías mentales se ajusten a la realidad? ¿Cómo puede explicarse, por ejemplo, que

---

[13] Immanuel Kant, *La Crítica de la Razón Pura*, en Kant, Werke, vol. 2, W. Weischedel, ed. (Wiesbaden: 1956), p. 23.

la realidad esté en conformidad con el principio de causalidad si este principio debe ser entendido como uno con el que el funcionamiento de nuestra mente tiene que estar en conformidad? ¿No tenemos que hacer la absurda suposición idealista de que esto es solamente posible porque la realidad es creada por la mente? No me malentiendan, no creo que tal acusación contra el kantismo sea justificada.[14] Y, sin embargo, en parte de sus formulaciones, no hay duda que Kant dio margen de posibilidad a esas acusaciones.

Consideremos, por ejemplo, esta declaración pro- gramática de Kant: "Hasta ahora se ha supuesto que nuestro conocimiento tiene que estar conforme a la realidad," en vez de eso se debería asumir "que realidad observacional debería estar conforme a nuestra mente."[15]

---

[14] Véase en particular el trabajo de F. Kambartel citado en la nota 12; instructiva también es la interpretación de Kant dada por el biólogo- etólogo D. Lorenz, *Vom Weltbild des Verhaltensforschers* (Munich: 1964); Idem, *Die Spiegel des Rückseite, Versuch einer Naturgeschite menschlichen Erkennens* (Munich: 1973). Entre algunos seguidores del Austrianismo, la interpretación de Kant por Ayn Rand (véase, por ejemplo, su *Introducción a la Epistemología Objetivista* (Nueva York: New American Library, 1979); o *Para el Nuevo Intelectual* (Nueva York: Random House, 1961) goza de gran popularidad. Su interpretación, repleta de acusaciones denunciatorias, sin embargo, se caracteriza por una ausencia completa de documentación interpretativa alguna. Véase, respecto a la ignorancia arrogante de Rand sobre Kant, B. Goldberg, "'Para el Nuevo Intelectual' de Ayn Rand," *New Individualist Review* 1, n. 3 (1961).

[15] Véase Kant, *La Crítica de la Razón Pura*, p. 25. Sea o no tal interpreta- ción de la epistemología de Kant correcta es, por supuesto, un asunto muy diferente. Aclarar tal problema, sin embargo, aquí no es importante. Para una interpretación activista o constructivista de la filosofía kantiana véase E. Kambartel, *Erfahrung*

Mises ofrece la solución a este desafío. Es cierto, como dice Kant, que las proposiciones sintéticas a priori verdaderas están basadas en axiomas autoevidentes y que estos axiomas tienen que ser entendidos por reflexión sobre nosotros mismos en vez de ser "observables" en algún sentido significativo. Sin embargo, tenemos que ir un paso más allá. Debemos reconocer que tales verdades necesarias no son simplemente categorías de nuestra mente, sino que nuestra mente es una de personas que actúan. Nuestras categorías mentales tienen que ser entendidas como basadas últimamente en categorías de acción. Y tan pronto como esto se reconoce, toda sugerencia idealista desaparece inmediatamente. En lugar de eso, la epistemología que propone la existencia de proposiciones sintéticas a priori verdaderas se convierte en una epistemología realista. Puesto que se entiende como basada en última instancia en categorías de acción, el abismo entre lo mental y el mundo real, exterior y físico es superado. Como categorías de acción, tienen que ser cosas mentales tanto como características de la realidad. Porque es a través de acciones que la mente y la realidad entran en contacto.

Kant dio pistas para la solución del problema. Él pensaba que las matemáticas, por ejemplo, tenían que estar basadas en el conocimiento del significado de repetición, de operaciones repetitivas. Y también se dio cuenta, aunque sólo vagamente, que el principio de causalidad está implícito en nuestra comprensión de lo que es y lo que significa actuar.[16]

---

*und Struktur*, capítulo 3; también Hoppe, *Handeln und Erkennen* (Bern: Lang, 1976).

[16] Para interpretaciones kantianas de las matemáticas véase H. Dingler, *Philosophie der Logik und Mathematik* (Munich: 1931); Paul Lorenzen, *Einführungin in die operative Logik und Mathematik* (Frankfurt/M.: 1970); Ludwig Wittgenstein, *Observaciones sobre los Fundamentos de las Matemáticas* (Cambridge, Mass.: MIT Press, 1978); también Kambartel, *Erfahrung und Struktur*, pp. 118-

Sin embargo, es Mises quien trae esta idea al primer plano: la Causalidad, él se da cuenta, es una categoría de acción. Actuar significa interferir en algún punto más temprano en el tiempo con el fin de producir un cierto resultado más tarde, y por tanto cada actor debe presuponer la existencia de causas que operan constantemente. La Causalidad es un prerequisito de la acción, en palabras de Mises.

Pero Mises no está, como Kant, interesado en epistemología como tal. Con su reconocimiento de la acción como el puente entre la mente y la realidad exterior, él ha encontrado una solución al problema kantiano de cómo pueden ser posibles las proposiciones sintéticas a priori verdaderas. Y él ha ofrecido algunas ideas muy valiosas sobre el fundamento último de otras propuestas epistemológicas centrales además del principio de causalidad, como la ley de la contradicción como la piedra angular de la lógica. Y así ha abierto un camino para investigación filosófica futura que, a mi entender, apenas ha sido explorado. Sin embargo, el objeto de estudio de Mises es la economía, por lo que voy a dejar aquí el problema de explicar con más detalle el principio de causalidad como una proposición a priori verdadera.[17]

Mises no sólo reconoce que la epistemología indirectamente se basa en nuestro conocimiento reflexivo de la acción y que puede por lo tanto decir algo verdadero a priori acerca de la realidad, sino que la economía también lo hace y lo hace de una manera mucho más directa. Las proposiciones económicas se derivan

---

22; para una interpretación inusualmente cuidadosa y cautelosa del kantismo desde el punto de vista de la física moderna, ver P. Mittelstaedt, *Philosophische Probleme der modernen Physik* (Nannheim: 1967).

[17] Para algunas consideraciones más profundas sobre estos asuntos, véase Hoppe "En defensa de Racionalismo Extremo."

directamente de nuestro conocimiento de acción, adquirido de forma reflexiva; y el estado de estas proposiciones como afirmaciones a priori verdaderas acerca de algo real se deriva de nuestra comprensión de lo que Mises denominó "El axioma de la acción."

Este axioma, la proposición de que los seres humanos actúan, precisamente, cumple con los requisitos para una proposición sintética a priori verdadera. No se puede negar que esta proposición es verdadera, ya que tal negación tendría que ser clasificada como una acción—y así la verdad de la afirmación literalmente no se puede deshacer. Y el axioma no se deriva de observación tampoco—sólo hay movimientos corporales que pueden ser observados, pero no tales cosas como acciones—sino que se deriva de conocimiento reflexivo.

Además, como algo que debe ser entendido en lugar de ser observado, aún es conocimiento acerca de la realidad. Esto se debe a que las distinciones conceptuales que intervienen en este entendimiento son nada menos que las categorías empleadas en la interacción de la mente con el mundo físico por medio de su propio cuerpo físico. Y el axioma de acción en todas sus implicancias no es ciertamente auto-evidente en un sentido psicológico, aunque una vez hecho explícito puede ser entendido como una proposición innegablemente verdadera sobre algo real y existente.[18] Ciertamente, no es psicológicamente evidente ni es observable que con cada acción de un actor persiga un objetivo; y que cualquiera sea el objetivo, el hecho de que es perseguido por un actor revela que él coloca un valor relativamente más alto sobre el objetivo que en cualquier otro objetivo de acción que pudiera concebir al inicio de su acción.

No es ni evidente ni observable que a fin de lograr su objetivo más preciado un actor tenga que interferir o decidir no interferir

---

[18] Sobre esto y lo siguiente ver Mises, *La Acción Humana*, capítulos IV y V.

(que, por supuesto, es también una interferencia) en un punto anterior en el tiempo para producir algún resultado futuro; ni que esas interferencias invariablemente impliquen el empleo de medios escasos (por lo menos el cuerpo del actor, el lugar donde se encuentra parado, y el tiempo absorbido por la interferencia).

No es auto-evidente ni se puede observar que estos medios deben también tener un valor para el actor—un valor derivado del objetivo—porque el actor debe considerar su uso como necesario para eficazmente alcanzar el objetivo; y que esas acciones sólo se puede realizar de forma secuencial, siempre implicando una elección, es decir, siguiendo el curso de acción que en algún momento dado en el tiempo promete el resultado más valorado para el actor, y excluyendo al mismo tiempo el logro de otros objetivos menos valorados.

No es automáticamente claro u observable que como consecuencia de tener que elegir y dar preferencia a una meta sobre otra—de no ser capaz de alcanzar todas las metas al mismo tiempo—toda acción implique incurrir en costos. Por ejemplo, renunciar al valor asignado a la meta alternativa más valorada que no puede ser alcanzada o cuya realización debe ser diferida porque los medios necesarios para alcanzarla están siendo usados de forma conjunta en la producción de otra meta incluso más valorada.

Y, por último, no es claramente evidente u observable que en el punto de partida todo objetivo de acción tenga que ser considerado más valioso, para el actor, que su costo, y capaz de producir un beneficio, es decir, un resultado cuyo valor es más alto que el de las oportunidades a las que renunció. Y, aún así, toda acción también está invariablemente amenazada por la posibilidad de una pérdida si el actor se da cuenta, en retrospectiva, que el resultado logrado—contrariamente a las expectativas anteriores—tiene un valor inferior que el que hubiese tenido la alternativa a la que renunció.

Todas estas categorías—valor, fines, medios, elección, preferencias, costo, ganancias y pérdidas, así como tiempo y causalidad—están implicadas en el axioma de acción. Pero, que uno sea capaz de interpretar las observaciones en tales categorías requiere que uno sepa ya lo que significa actuar. Nadie que no es un actor podría entenderlas. No vienen "dadas", listas para ser observadas, sino que la experiencia observada toma forma en estos términos a medida que es interpretada por un actor. Su reconstrucción reflexiva tampoco es una simple tarea intelectual psicológicamente auto- evidente, como ha sido demostrado por una larga lista de intentos fallidos contra las ideas que acabamos de delinear sobre la naturaleza de la acción.

Fue necesario un arduo esfuerzo intelectual para reconocer de forma explícita lo que, una vez hecho explícito, todos reconocen inmediatamente como verdadero y pueden entender como proposicionessintéticas a priori verdaderas, esto es, proposiciones quepueden ser validadas independientemente de observaciones y consecuentemente no pueden ser falsadas por ninguna observación.

El intento de refutar el axioma de acción sería en sí mismo una acción que busca alcanzar una meta, que requiere unos medios, que excluye otros cursos de acción, que incurre en costos, que somete al actor a la posibilidad de alcanzar o no alcanzar la meta deseada y por tanto a una ganancia o a una pérdida.

Y la posesión misma de tal conocimiento entonces no puede nunca ser disputada, y la validez de estos conceptos no puede nunca ser falsada por ninguna experiencia contingente, porque disputar o falsar algo habría ya presupuesto su misma existencia. De hecho, una situación en la que estas categorías de acción dejasen de tener existencia real nunca podría ser observada, porque hacer una observación, también, es una acción.

La gran visión de Mises fue percibir que el razonamiento económico tiene su fundamento precisamente en esta comprensión de la acción; y que el status de la economía como una especie de lógica aplicada se deriva el status del axioma de acción como proposición apriori sintética verdadera. Las leyes de intercambio, la ley de utilidad marginal decreciente, la ley ricardiana de asociación, la ley de control de precios, y la teoría cuantitativa del dinero—todos los ejemplos de proposiciones económicas que he mencionado—se pueden deducir lógicamente de este axioma. Y esta es la razón por la que resulta ridículo pensar que tales proposiciones son del mismo tipo epistemológico que las de las ciencias naturales. Pensar que lo son, y de acuerdo a eso requerir experimentos para su validación, es como suponer que tenemos que llevar a cabo algún proceso de encontrar hechos sin conocer el resultado posible a fin de establecer el hecho que uno es un actor. En una palabra: es absurdo.

La praxeología dice que todas las proposiciones económicas que pretenden ser reconocidas como verdaderas tienen que demostrar ser deducibles por medio de lógica formal a partir del conocimiento material indiscutiblemente verdadero respecto al significado de la acción.

Específicamente, todo razonamiento económico consiste en lo siguiente:

(1) Una comprensión de las categorías de acción y el significado de un cambio en cosas tales como los valores, las preferencias, el conocimiento, los medios, los costos, etc.;

(2) Una descripción de un mundo en el que las categorías de acción asumen un significado concreto, donde personas específicas son identificadas como actores con objetos específicos identificados como sus medios de acción, con unas metas específicas identificadas como valores y cosas específicas identificadas como costos. Tal descripción podría ser la de un mundo de Robinson Crusoe, o un mundo con más

de un actor en la que las relaciones interpersonales son posibles; de un mundo de intercambio por trueque, o de dinero e intercambios que hacen uso del dinero como medio común de intercambio; de un mundo donde sólo hay tierra, mano de obra, y tiempo como factores de producción, o un mundo con productos de capital; de un mundo con factores de producción perfecta- mente divisibles o indivisibles, específicos o no específicos de la producción; o de un mundo con diversas instituciones sociales, tratando diversas acciones como agresión y amenazándolas con castigo físico, etc. y;

(3) una deducción lógica de las consecuencias que se derivan de la realización de una acción específica dentro de este mundo, o de las consecuencias para un actor específico que resultan si esta situación es modificada de una forma específica.

Si no hay error en el proceso de deducción, las conclusiones que tal razonamiento produce deben ser válidas a priori, porque su validez en última instancia reside en el indiscutible axioma de acción. Si la situación y los cambios introducidos en ella son ficticios o asumidos (un mundo de Robinson Crusoe, o un mundo con factores de producción sólo indivisibles o sólo completamente específicos), entonces las conclusiones son, por supuesto, verdaderas a priori sólo en ese "mundo posible." Si, por otro lado, la situación y los cambios pueden ser identificados como reales, percibidos y conceptualizados como tal por actores reales, entonces las conclusiones son proposiciones a priori verdaderas acerca del mundo como realmente es.[19]

---

[19] Véase también Hoppe, *Kritik der kausalwissenschaftlichen Sozialfors-chung*, capítulo 3.

Tal es la idea de la economía como praxeología. Y tal es, pues, el desacuerdo último que los austriacos tienen con sus colegas: Sus comentarios no pueden ser deducidos del axioma de la acción o incluso están en clara contradicción con proposiciones que pueden ser deducidas del axioma de la acción.

E incluso si hay acuerdo sobre la identificación de hechos y la apreciación de ciertos eventos como relacionados entre sí como causas y consecuencias, este acuerdo es superficial. Porque tales economistas falsamente creen que sus declaraciones son proposiciones empíricamente bien probadas cuando son, de hecho, proposiciones que son verdaderas a priori.

# II

Las escuelas de pensamiento no-praxeológicas erróneamente creen que las relaciones entre ciertos eventos son leyes empíricas bien establecidas cuando realmente son leyes praxeológicas necesarias y lógicas. Y luego se comportan como si la proposición "una bola no puede ser toda roja y no roja al mismo tiempo," requiriera experimentación en Europa, América, África, Asia y Australia (por supuesto pidiendo una gran cantidad de dinero para pagar por tal temeraria y absurda investigación). Además, los no praxeólogos también creen que las relaciones entre ciertos eventos son leyes empíricas bien establecidas (con implicancias predictivas) cuando el razonamiento a priori puede mostrar que no son más que información respecto a conexiones históricas contingentes entre eventos, que no nos proporciona ningún conocimiento en absoluto sobre el curso futuro de eventos. Esto ilustra otra confusión fundamental que las escuelas no-austríacas tienen: una confusión sobre la diferencia categórica entre teoría e historia, y la implicancia que esa diferencia tiene para el problema de la predicción social y económica.

Tengo que comenzar de nuevo con una descripción del

empiricismo, la filosofía que piensa que la economía y las ciencias sociales en general siguen la misma lógica de investigación que, por ejemplo, la física. Voy a explicar por qué. Según el empiricismo—la visión más extendida hoy en día en economía—no hay una diferencia categórica entre investigación teórica e histórica. Y voy a explicar lo que esto implica para la idea de predicción social. La muy diferente visión austriaca se desarrollará entonces a partir de una crítica y refutación de la posición empiricista.

El empiricismo se caracteriza por el hecho de que acepta dos proposiciones básicas íntimamente relacionadas.[20] La primera y más central es: El conocimiento sobre la realidad, que es llamado conocimiento empírico, tiene que ser verificable o por lo menos falsable por experimentos basados en observación. El experimento, la experiencia, basado en observación sólo puede conducir a conocimiento contingente (en oposición a conocimiento necesario), porque siempre es de tal tipo que, en principio, podría haber sido diferente de lo que realmente fue. Esto significa que nadie puede saber antes del experimento—esto es, antes de realmente haber realizado un experimento de

---

[20] Para varias cuentas representativas del empiricismo—unidas en su oposición a cualquier forma de apriorismo—véase R. Carnap, *Der Logische Aufbau der Welt* (Hamburg: 1966); idem, *Testability and Meaning* (New Haven, Connecticut: Yale University Press, 1950); Alfred J. Ayer, *Lógica, Verdad y Lenguaje* (New York: Dover, 1952), Karl R. Popper, *La lógica del Descubrimiento Científico* (New York: Harper and Row, 1959); idem, *Conjeturas y refutaciones* (Londres: Routledge and Kegan Paul, 1969); C. G. Hempel, *Aspectos de la Explicación Científica* (Nueva York: Free Press, 1970); para cuentas que también prestan cierta atención a la economía, ver en particular, Ernest Nagel, *La Estructura de la Ciencia* (New York, Harcourt, Brace and World, 1961); Felix Kaufmann, *Metodología de las Ciencias Sociales* (Atlantic Highlands, New Jersey, Humanities Press, 1944).

observación particular—si la consecuencia de un evento real será de una manera u otra. Si, por otro lado, el conocimiento no es verificable o falsable por experimentos de observación, entonces no es conocimiento sobre algo real. Es simplemente conocimiento sobre palabras, sobre el uso de términos, sobre signos y las reglas de transformación de los signos. Es decir, es conocimiento analítico, pero no conocimiento empírico. Y es muy dudoso, según este punto de vista, que el conocimiento analítico deba ser considerado como conocimiento.

El segundo supuesto del empiricismo formula la extensión y aplicación del primer supuesto a los problemas de causalidad, explicación causal y predicción. Según el empiricismo, explicar causalmente o predecir un fenómeno real es formular un enunciado del tipo "si A, entonces B" o, en caso que las variables permitan medición cuantitativa, "si un aumento (disminución) en A, entonces un aumento (disminución) en B."

Como proposición que se refiere a la realidad (con $A$ y $B$ siendo fenómenos reales), su validez nunca puede ser establecida con certeza, esto es, examinando la proposición sola, o cualquier otra proposición de la que la proposición en cuestión pudo haber sido lógicamente derivada. La proposición siempre será y permanecerá hipotética, dependiendo su veracidad de los resultados de futuros experimentos observacionales que no pueden ser conocidos de antemano. Si el experimento confirma la explicación causal hipotética, esto no prueba que la hipótesis sea cierta. Si uno observa un caso donde $B$ sigue a $A$ como se había predicho, esto no verifica nada. $A$ y $B$ son términos generales y abstractos, o como se dice en terminología filosófica, universales, que se refieren a eventos y procesos de los que hay (o podría haber, en principio) un número indefinido de casos. Experimentos futuros podrían aún falsarla.

Y si un experimento falsa una hipótesis, esto tampoco es decisivo. Porque si se observara que $A$ no fue seguido por $B$, todavía podría ser posible que los fenómenos relacionados hipotéticamente estuviesen vinculados causalmente. Puede ser que alguna otra circunstancia o variable, hasta ahora no tomada en cuenta y no controlada, haya simplemente impedido que la relación hipotetizada fuese observada. Como máximo, la falsación sólo prueba que la hipótesis particular bajo investigación no estaba completamente correcta en su forma actual. Necesita refinamiento, alguna especificación o variables adicionales que tienen que ser tomadas en cuenta y controladas para que podamos observar la relación hipotetizada entre $A$ y $B$. Pero, una falsación nunca probaría de una sola vez que la relación entre unos fenómenos dados no exista, así como una confirmación nunca probaría definitivamenteque tal relación exista.[21]

Cuando consideramos esta posición, notamos una vez más que implica la negación del conocimiento a priori como conocimiento acerca de algo real. Según el empiricismo, cualquier proposición que dice ser a priori, es nada más que signos sobre papel, relacionados entre sí por definición o por una estipulación arbitraria,y es entonces completamente vacía: sin conexión con el mundo de las cosas reales. Tal sistema de signos sólo se convierte en teoría empírica significativa una vez que se da una interpretación empírica a sus símbolos. Sin embargo, tan pronto como se da tal interpretación a sussímbolos, la teoría deja de ser verdadera a priori y se convierte en hipotética, y permanece así para siempre.

Según el empiricismo, además, no podemos sabercon certeza si algo es una causa posible de algo más. Si queremos explicar un fenómeno, nuestra hipotetizaciónsobre las posibles causas no está de ninguna manera restringida por consideraciones a priori. Todo puede tener alguna influencia, sobre todo. Tenemos que descubrirlo con experimentos; pero el experimento no nos dará

---

[21] Sobre las implicancias relativistas y—a nivel de política—las implicancias intervencionistas del empiricismo, véase Hans-Hermann Hoppe, "La Fachada Intelectual Para el Socialismo," *The Free Market* (febrero, 1988).

respuesta definitiva a esta pregunta tampoco.

El siguiente punto nos lleva al tema central de esta sección: la relación entre historia y teoría. Según el empiricismo no hay diferencia fundamental entre explicaciones históricas y teóricas. Toda explicación es del mismo tipo. Para explicar un fenómeno hipotetizamos otro fenómeno como su causa y luego vemos si la causa hipotetizada precedió al efecto en el tiempo. Existe una distinción entre la explicación histórica y la explicación teórica sólo en la medida en que la explicación histórica se refiere a hechos que ya sucedieron, algo que está en el pasado, mientras que la explicación teórica es la explicación, o más bien la predicción, de un efecto que todavía no ha ocurrido. Pero estructuralmente, no hay diferencia entre explicaciones históricas y predicciones teóricas. Hay, sin embargo, una diferencia pragmática que explica por qué los empiricistas en particular resaltan la importancia del poder predictivo de una teoría y no se contentan sólo con probarla frente a datos históricos.[22]

La razón de esto es bastante evidente para cualquiera que alguna vez participó en los juegos tontos del análisis de datos. Si el fenómeno a ser explicado ya ha ocurrido, es muy fácil encontrar todo tipo de acontecimientos que le precedieron y que posiblemente podrían ser considerados como su causa. Además, si no queremos alargar nuestra lista de posibles causas encontrando más variables precedentes, podemos hacer lo siguiente (y en la era de las computadoras, es aún más fácil): Podemos tomar cualquiera de las variables precedentes y probar diferentes relaciones funcionales entre ella y la variable a ser explicada—lineales o curvilíneas, funciones recursivas o no-recursivas, relaciones aditivas o multiplicativas, etc. Luego uno, dos, tres, encontramos lo que estábamos buscando: una relación

---

[22] Para el énfasis en predicción de los empiricistas-positivistas, ver en particular Milton Friedman, "La Metodología de la Economía Positiva," en *Ensayos sobre Economía Positiva*, de Friedman (Chicago: University of Chicago Press, 1953).

funcional que se ajusta a los datos. Y uno puede encontrar no sólo una, sino cualquier cantidad que uno desee.

Pero, ¿cuál de todos esos eventos precedentes, o cuál de los tipos de relaciones, es la causa o relación causal correcta? Según el empiricismo, no hay consideraciones a priori que nos puedan ayudar aquí. Y esa, entonces, es la razón por la que los empiricistas enfatizan la importancia de las predicciones. Para averiguar cuál de estas explicaciones históricas es correcta—o por los menos no falsa—se nos pide probarlas usándolas en la predicción de eventos que no han ocurrido aún, ver qué tan buenas son, y así ir eliminando las explicaciones equivocadas.

Suficiente con el empiricismo y sus ideas sobre teoría, historia, y predicción. No entraré al análisis detallado de si el énfasis en el éxito predictivo cambia mucho, si es que acaso cambia, respecto a las evidentes implicancias relativistas del empiricismo. Basta con recordar que, de acuerdo a su doctrina propia, ni una confirmación predictiva ni una falsación predictiva nos ayuda a decidir si una relación causal entre un par de variables existe o no. Esto hace ver que es un tanto cuestionable si se gana algo haciendo de la predicción la piedra angular de filosofía de uno.

Quiero desafiar el punto mismo de partida de la filosofía de los empiricistas. Hay varias refutaciones definitivas del empiricismo. Mostraré que la distinción empiricista entre conocimiento empírico y analítico es simplemente falsa y autocontradictoria.[23] Eso nos conducirá luego a desarrollar la posición austriaca sobre teoría, historia, y predicción.

La afirmación central del empiricismo es: el conocimiento

---

[23] Sobre las críticas racionalistas al empiricismo, ver Kambartel, *Erfahrung und Struktur*; Brand Blanshard, *Razón y Análisis* (LaSalle, Illinois, Open Court, 1964); A. Pap, *Semántica y Verdad Necesaria* (New Haven, Connecticut: Yale University Press, 1958); Martin Hollis y Edward Nell, *El Hombre Económico Racional* (Cambridge: Cambridge University Press, 1975).

empírico tiene que ser verificable o falsable por experimentación; y el conocimiento analítico, que no es verificable o falsable, por tanto, no puede contener ningún conocimiento empírico. Si eso es cierto, entonces es justo preguntar: ¿Cuál es entonces el status de esta declaración fundamental del empiricismo? Evidentemente tiene que ser analítica o empírica.

Supongamos primero que es analítica. De acuerdo con la doctrina empiricista, sin embargo, una proposición analítica no es nada más que garabatos sobre papel, aire caliente, totalmente vacía de contenido significativo; que no dice nada sobre algo real. Y, por tanto, uno tendría que concluir que el empiricismo no puede ni siquiera decir y significar lo que parece decir y significar. Pero si, por otra parte, dice y significa lo que pensábamos que decía, entonces sí nos informa acerca de algo real. De hecho, nos informa sobre la estructura fundamental de la realidad. Dice que no hay nada en la realidad que pueda conocerse ser de una forma u otra antes que experimentos futuros confirmen o no nuestra hipótesis.

Y si esta proposición significativa se considera analítica, es decir, como una declaración de que no permite falsación y cuya verdad puede ser establecida por un análisis de sus términos por sí solos, uno no tiene nada menos que una flagrante contradicción en mano. El empiricismo resultaría ser nada más que palabras sin sentido que se destruyen a sí mismas.[24]

---

[24] Mises escribe en *El Fundamento Último de la Ciencia Económica*: La esencia del positivismo lógico es negar el valor cognitivo del conocimiento a priori señalando que todas las proposiciones a priori son meramente analíticas. Ellas no proporcionan información nueva, sino que son simplemente verbales o tautológicas, afirmando lo que ya estaba implicado en las definiciones y premisas. Sólo la experien-cia puede producir proposiciones sintéticas. Hay una objeción obvia contra de esta doctrina, a saber, que esta proposición que no hay proposiciones sintéticas a priori es en sí misma una—según este escritor piensa, falsa—proposición sintética a priori, ya que

Así que tal vez deberíamos elegir la otra opción disponible y declarar la distinción fundamental empiricista entre conocimiento empírico y analítico una proposición empírica. Pero entonces la posición empiricista ya no tendría ningún valor. Porque si hacemos eso, tendría que admitirse que la proposición—como empírica—bien podría estar equivocada, y uno podría preguntar entonces en base a qué criterio uno decidió si la proposición estaba errada o no. Más específicamente, como proposición empírica, correcta o incorrecta, sólo podría describir un hecho histórico, algo así como "todas las proposiciones hasta ahora examinadas caen en dos categorías, analíticas y empíricas". La proposición sería completamente irrelevante para determinar si es posible producir proposiciones a priori verdaderas que sean empíricas. De hecho, si la afirmación central del empiricismo fuese declarada proposición empírica, el empiricismo dejaría por completo de ser una epistemología, una lógica de la ciencia, y no sería más que una convención verbal completamente arbitraria de llamar con ciertos nombres arbitrarios a ciertas formas arbitrarias de lidiar con ciertas proposiciones. El empiricismo sería una posición carente de cualquier justificación.

¿Qué demuestra este primer paso de nuestra crítica al empiricismo? Esto demuestra evidentemente que la idea empiricista sobre el conocimiento es errada, y lo demuestra por medio de un argumento a priori significativo. Y al hacerlo, demuestra que la idea kantiana y misesiana de proposiciones a priori sintéticas verdaderas es correcta. Más específicamente, demuestra que la relación entre teoría e historia no puede ser como dice el empiricismo. Tiene que haber también un campo de teoría—teoría de que es empíricamente significativa— que es categóricamente diferente a la idea de teoría que el empiricismo admite. También tiene que haber teorías a priori, y la relación

---

no puede ser establecida, con claridad y evidencia, por la experiencia. (p. 5)

entre teoría e historia entonces tiene que ser diferente y más complicada que la que el empiricismo nos quiere hacer creer. Cuán diferente se hará evidente cuando presente otro argumento contra el empiricismo, otro argumento a priori, y un argumento a priori contra la tesis implicada en el empiricismo de que la relación entre la teoría y la investigación empírica es la misma en todos los campos del conocimiento.

Sin importar que tan apropiadas sean las ideas empiricistas en las ciencias naturales (y creo que son inadecuadas incluso allí, pero no puedo ir a eso aquí)[25], es imposible pensar que los métodos del empiricismo pueden ser aplicables en las ciencias sociales.

Las acciones son el campo de los fenómenos que constituyen lo que consideramos las ciencias sociales. El empiricismo dice que las acciones pueden y tienen que ser explicadas, al igual que cualquier otro fenómeno, por medio de hipótesis de causalidad que pueden ser confirmadas o falsadas con experimentos.[26]

---

[25] Al respecto véase, además de las obras citadas en la nota 23, en particular H. Dingler, *Die Ergreifung des Wirklichen* (Munich: 1955); idem, *Aufbau der exakten Fundamentalwissenschaft* (Munich: 1964); Paul Lorenzen, *Methodisches Denken* (Frankfurt/M.: 1968); F. Kambartel y J. Mittelstrass, eds., *Zum normativen Fundament der Wissenschaft* (Frank- furt/M.: 1973); También mi "En Defensa de Racionalismo Extremo."

[26] Además de la bibliografía citada en la nota 20 véase, por ejemplo, productos empiricistas típicos como Arthur Goldberger y Otis D. Duncan, editores, *Modelos de Ecuaciones Estructurales en las Ciencias Sociales* (San Diego, California: Academic Press, 1973); H. B. Blalock, ed, *Inferencias Causales en Investigación No Experimentales* (Chapel Hill: University of North Carolina Press, 1964); Arthur L. Stinchcombe, *Construyendo Teorías Social* (Nueva York, Harcourt, Brace & World, 1968).

Ahora bien, si ese fuera el caso, entonces el empiricismo sería el primero en ser obligado a asumir— contrario a su propia doctrina de que no existe conocimiento a priori sobre nada real—que existen causas que operan de forma invariable en el tiempo para las acciones.

Uno no puede saber a priori qué evento particular podría ser la causa de una acción particular. Pero el empiricismo quiere que relacionemos experiencias diferentes respecto a secuencias de eventos, ya sea confirmando o falsando unas con otras. Y si se falsan entre sí, entonces respondemos con una reformulación de la hipótesis original. Sin embargo, para hacerlo, debemos asumir constancia en el tiempo de las causas que operan—y saber que sí existen causas para las acciones es, por supuesto, conocimiento sobre la realidad de las acciones. Sin tal supuesto sobre la existencia de causas así, las experiencias diferentes nunca podrían ser relacionadas entre sí como confirmaciones o falsaciones unas de otras. Serían simplemente observaciones inconmensurables no relacionadas. Una aquí, otra allá; las mismas o similares; o son diferentes. De eso no se desprende nada.[27]

Además, aún hay otra contradicción, y hacerla evidente nos lleva de inmediato a la idea central de Mises de que la relación entre teoría e historia en el campo de las ciencias sociales es de una naturaleza totalmente diferente a la que hay en las ciencias naturales.

¿Cuál es la contradicción? Si las acciones pudieran de hecho ser concebidas como regidas por causas que operan de forma invariable en el tiempo, entonces ciertamente uno podría preguntar: ¿Y qué se puede decir de los que dan las explicaciones?

---

[27] Sobre esto y lo siguiente, véase Hoppe, *Kritik der kausalwissenschaftli-chen Sozialforschung*, capítulo 2, y "¿Es Posible Hacer Investigación Basada en Principios Científicos Causales en las Ciencias Sociales?"

¿Qué se puede decir de predecir causalmente las acciones de ellos? Son, después de todo, las personas que llevan a cabo el proceso mismo de creación de hipótesis y de verificación y falsación.

Para asimilar los experimentos de confirmación falsación—para reemplazar hipótesis viejas con otras nuevas—uno tiene supuestamente que ser capaz de aprender de la experiencia. Todo empiricista está, por supuesto, obligado a admitir eso. De lo contrario ¿para qué hacer investigación empírica?

Pero si uno puede aprender de la experimentación en formas aún desconocidas, entonces es cierto que uno no puede saber en un determinado momento lo que sabrá en un tiempo futuro y, en consecuencia, no puede saber cómo actuará sobre la base de ese conocimiento. Uno sólo puede reconstruir las causas de sus acciones después del evento, igual que uno puede explicar su conocimiento sólo después que ya lo posee. De hecho, ningún avance científico podría jamás alterar el hecho de que uno debe considerar su conocimiento y acciones como impredecibles sobre la base de las causas que operan de forma constante. Uno puede creer que esta concepción de libertad es ilusoria. Y uno bien podría estar en lo correcto si se considera el punto de vista de un científico con poderes cognitivos considerablemente superiores a cualquier inteligencia humana, o desde el punto de vista de dios. Pero no somos dios, e incluso si nuestra libertad fuese ilusoria desde su punto de vista y nuestras acciones siguieran una trayectoria predecible, para nosotros esa es una ilusión necesaria e inevitable. No podemos predecir de antemano, sobre la base de estados anteriores, el estado futuro de nuestro conocimiento o las acciones que resulten de ese conocimiento. Sólo podemos reconstruirlos después del evento.[28]

---

[28] Curiosamente, este argumento fue primero expuesto por Karl R. Popper en el prefacio de su libro *La Pobreza del Historicismo* (London: Routledge & Kegan Paul, 1957). Sin embargo, Popper falló por completo en darse cuenta de que tal argumento, en realidad invalida su propia idea de un monismo metodológico

Por lo tanto, la metodología empiricista es simplemente contradictoria cuando se aplica al campo delconocimiento y de la acción—que contiene conocimiento como ingrediente necesario. Los científicos sociales empiricistas que formulan ecuaciones predictivas respecto a fenómenos sociales están simplemente haciendo cosas sin sentido. La actividad de embarcarse en una empresa cuyo resultados ellos tienen que admitir no saben todavía, demuestra que lo quepretenden hacer no se puede hacer. Como Mises loexpresa y ha enfatizado en repetidas ocasiones: No hay constantes empíricas causales en el campo de la acción humana.[29]

Usando razonamiento a priori entonces, se ha establecido esta idea: La historia social, en contraposición a la historia natural, no produce ningún conocimiento que pueda ser empleado con fines predictivos. En vez de eso, la historia social y económica se refiere exclusivamente al pasado. El resultado de investigar cómo y por qué la gente actuó en el pasado no tiene ninguna implicancia sistemática sobre si actuarán o no de la misma manera en el futuro. Las personas pueden aprender. Es absurdo asumir que se puede predecir en el presente lo que uno sabrá mañana y de qué manera el conocimiento de mañana será diferente o no al de hoy.

Una persona no puede predecir hoy su demanda de azúcar del próximo año más de lo que Einstein pudo haber predicho la teoría de la relatividad antes que la desarrollara. Una persona no

---

(*Einheitswissenschaft*) y demuestra la inaplicabilidad de su falsacionismo en el campo de la acción humana y el conocimiento. Véase sobre esto mi *Kritik der kausalwissenschaftlichen Sozialforschung*, pp. 44-49; K. O. Apel, *Die Erklären: Verstchen Kontroverse in transzendental-pragmatischer Sicht* (Frankfurt/M.: 1979), pp. 44-46, nota19.

[29] Mises, *La Acción Humana*, pp. 55-56.

puede saber hoy lo que sabrá sobre el azúcar dentro de un año. Y no puede conocer todos los productos que estarán compitiendo con el azúcar por su dinero dentro un año. Puede tratar de adivinar, por supuesto. Pero dado que se tiene que admitir que los futuros estados de conocimiento no se pueden predecir sobre la base de causas que operan de forma constante, una persona no puede pretender hacer una predicción del mismo tipo epistemológico, por ejemplo, que uno hace sobre el comportamiento futuro de la luna, el clima, o las mareas. Esas son predicciones que podrían legítimamente asumir causas que operan de forma invariable en el tiempo. Pero, una predicción sobre la demanda futura de azúcar es una cosa totalmente diferente.

De que la historia social y económica sólo pueda proveer explicaciones reconstructivas y nunca explicaciones que tengan alguna relevancia predictiva sistemática, otra idea muy importante respecto a la lógica de la investigación social empírica se desprende. Y esto es otra crítica decisiva contra el empiricismo, por lo menos en cuanto a su pretensión de ser la metodología adecuada para la investigación en las ciencias sociales.

Recuérdese lo que dije antes acerca de por qué el empiricismo enfatiza la función predictiva de las teorías explicativas. Para cada fenómeno a ser explicado hay una multitud de eventos precedentes, y una multitud de relaciones funcionales con dichos eventos precedentes con los que el fenómeno en cuestión podría ser explicado. Pero, ¿cuál de estas explicaciones rivales es correcta y cuáles no? La respuesta empiricista es: Trate de predecir, y el éxito o fracaso en la predicción de acontecimientos futuros le dirá cual explicación es correcta. Evidentemente, este consejo no va a servir si no hay causas que operan de forma invariable en el tiempo respecto a las acciones. ¿Entonces qué hacemos? El empiricismo, por supuesto, no tiene respuesta a esta pregunta.

Pero incluso si las acciones no se pueden predecir de forma científica, esto no implica que todas las explicaciones históricas reconstructivas sean igual de buenas. Sería absurdo que alguien explicara el hecho de que me mudé de Alemania a los America, señalando, por ejemplo, que el maíz en Michigan, antes de mi decisión, estaba experimentando un crecimiento acelerado y que eso causó mi decisión. Pero ¿por qué no, asumiendo que el evento sobre el maíz de Michigan de hecho sucedió antes de mi decisión? La razón es, por supuesto, que yo les diré que el maíz de Michigan no tuvo ninguna relevancia para mi decisión. Y en la medida en que se sepa algo de mí, se sabe que de hecho ése es el caso.

Pero, ¿cómo se puede reconocer esto? La respuesta es: mediante la comprensión de mis motivos e inter- eses, mis convicciones y aspiraciones, mis orientaciones normativas, y mis percepciones concretas que resultan en esta acción. ¿Cómo entendemos a alguien y, además, cómo podemos verificar que nuestra comprensión es realmente correcta? En cuanto a la primera parte de la pregunta—uno entiende a alguien entablando una pseudo-comunicación e interacción con esa persona. Digo pseudo porque, evidentemente, no podemos entrar en comunicación real con César para averiguar por qué cruzó el Rubicón. Pero podríamos estudiar sus escritos y comparar sus convicciones expresadas en ellos con sus decisiones reales; podríamos estudiar los escritos y las acciones de sus contemporáneos y así tratar de entender la personalidad de César, su tiempo, su rol particular y posición en el tiempo.[30]

En cuanto a la segunda parte de la pregunta—el problema de verificar las explicaciones históricas—uno debe admitir desde el principio que no existe un criterio absolutamente claro que permita a uno decidir cuál de las dos explicaciones rivales, ambas igualmente basadas en comprensión, es definitivamente correcta

---

[30] Sobre la lógica de la historia, véase Mises, *Teoría e Historia*, capítulo 14; *El Fundamento Último de la Ciencia Económica*, pp. 45-51; *La Acción Humana*, pp. 47-51, 59-64.

y cuál no. La historia no es una ciencia exacta en el mismo sentido que las ciencias naturales son ciencias exactas o en el sentido muy diferente en que la economía es una ciencia exacta.

Incluso si dos historiadores están de acuerdo en la descripción de los hechos y los factores que influenciaron la determinada acción que se trata de explicar, aún podrían estar en desacuerdo sobre el peso que debe asignarse a esos factores que provocaron la acción. Y no hay forma de decidir el asunto de forma completamente no ambigua.[31]

Pero no me malentiendan. A pesar de todo, hay cierto tipo de criterio de verdad para las explicaciones históricas. Es un criterio que no elimina todos los posibles desacuerdos entre historiadores, pero que excluye y descalifica a un amplio rango de explicaciones. El criterio es que cualquier explicación histórica verdadera debe ser de tal tipo que el actor cuyas acciones se tratan de explicar tiene, en principio, que ser capaz de verificar la explicación y los factores explicativos como aquellos que contribuyeron a su actuar en la forma que lo hizo.[32] La frase clave aquí es: en principio. Naturalmente, César no puede verificar nuestra explicación de su paso por el Rubicón. Además, de hecho, él podría tener razones para no verificar la explicación incluso si pudiese, dado que tal verificación podría entrar en conflicto con algún otro objetivo que podría tener.

También, decir que una explicación verdadera tiene ser verificable por el actor en cuestión no quiere decir que cada actor sea siempre el más calificado para ser juez de su explicación. Puede ser que Einstein pueda explicar mejor que nadie por qué

---

[31] Mises, *La Acción Humana*, pp. 57-58.

[32] Sobre la lógica de la reconstrucción y verificación histórica y sociológica, véase también Hoppe, *Kritik der kausalwissenschaftlichen Sozialforschung*, pp. 33-38.

y cómo se le ocurrió lateoría de la relatividad cuando lo hizo. Pero eso podría no ser así. De hecho, podría muy bien ser posible que un historiador de la ciencia pueda entender a Einstein y las influencias que condujeron a su descubrimiento mejor que el mismo Einstein. Y eso puede ser posible porque los factores que influyen o las reglas que determinan las acciones de uno podrían ser sólo subconscientes.[33] O podrían ser tan obvias que uno no las nota simplemente por eso mismo.

La siguiente analogía puede ser muy útil para comprender el hecho curioso de que otros puedan entender a una persona mejor que la persona misma. Tomemos, por ejemplo, un discurso público. Por supuesto, en gran medida la persona que da el discurso, puede probablemente dar razones para decir lo que dice y enumerar las influencias que le llevaron a ver las cosas como las ve. Es probable que pueda hacerlo mejor que todo el resto de gente. Y sin embargo, al decir lo que dice, la persona sigue reglas habituales e inconscientes que apenas podría, o sólo con grandes dificultades, hacer explícitas. También sigue ciertas reglas de gramática cuando dice lo que dice. Pero muy a menudo sería completamente incapaz de formular estas reglas, a pesar de que claramente influyen en sus acciones. El historiador que comprende las acciones de alguien mejor que la persona en sí misma es bastante análogo al estudioso de gramática analizando la estructura de las frases de un orador público. Ambos reconstruyen y explícitamente formulan las reglas que de hecho se siguen, pero que no pueden, o sólo con grandes dificultades, ser formuladas por el orador mismo.[34]

---

[33] Sobre la lógica de la explicación y la verificación psicoanalítica, véase A. MacIntyre, *El Inconsciente* (Londres: Duckworth, 1958); Jürgen Habermas, *Erkenntnis und interesse* (Frankfurt/M.: 1968), capítulo 2, sobrela relevancia del psicoanálisis también Mises, La Acción Humana, p. 12.

[34] Sobre la lógica de las explicaciones lingüísticas como

El orador puede no ser capaz de formular todas las reglas que sigue y puede necesitar ayuda del historiador profesional o del estudioso de gramática. Pero, es de gran importancia darse cuenta que el criterio de verdad de la explicación del estudioso de gramática sin embargo sería que el orador tiene que ser capaz—en principio—de verificar si la explicación es correcta después de hacer explícito lo que antes se conocía de forma implícita. Para que la explicación del estudioso de gramática o del historiador sea correcta, el actor tendría que ser capaz de reconocer estas reglas como las que de hecho influyeron en sus acciones. Hasta aquí es suficiente sobre la lógica de la investigación histórica como investigación necesariamente reconstructiva basada en comprensión.[35]

El argumento que establece la imposibilidad de predicciones causales en el campo del conocimiento humano y las acciones podría haber dado la impresión de que, si eso es así, entonces las predicciones podrían ser nada más que adivinanzas exitosas o

---

envolviendo la reconstrucción de las reglas que requieren confirmación a través del "conocimiento intuitivo" de "hablantes competentes," ver Noam Chomsky, *Aspectos de la Teoría de la Sintaxis* (Cambridge: MIT Press, 1965); también K. O. Apel, "Noam Chomsky Sprachtheorie und die Philosophie der Gegenwart" de Apel, *Transformation der Philosophie*, vol. 2 (Frankfurt/M.:1973).

[35] Para críticas importantes de la filosofía empiricista-positivista de las ciencias sociales empíricas, y explicaciones de la investigación social como basada en comprensión reconstructiva, véase también K. O. Apel, *Transformation der Philosophie*; idem, *Die Erklären: Verstehen Kontroverse in transzendental-pragmatischer Sicht*; Peter Winch, *La Idea de una Ciencia Social y Su relación con la Filosofía* (Atlantic Highlands, New Jersey, Humanities Press, 1970); idem, *Ética y Acción* (Londres: Routledge and Kegan Paul, 1972), Jürgen Habermas, *Zur Logik der Sozialwissenschaften* (Frankfurt/M.: 1970); G. H. von Wright, *Explicación y Comprensión* (Ithaca, NY: Cornell University Press, 1971).

fallidas. Esta impresión, sin embargo, sería tan errónea como sería pensar que se puede predecir la acción humana en el mismo modo que se puede predecir las etapas de crecimiento de las manzanas. Es aquí donde la genuina visión de Mises sobre la interacción de la teoría económica y la historia entra en escena.[36]

De hecho, la razón por la cual el futuro social y económico no puede ser considerado completa y absolutamente incierto no debería ser demasiado difícil de entender: La imposibilidad de predicciones causales en el campo de la acción se probó por medio de un argumento a priori. Y ese argumento incorporó cono- cimiento a priori verdadero acerca de las acciones: que no pueden ser concebidas como gobernadas por causas que operan de forma invariable en el tiempo.

Así, mientras que la predicción económica siempre será un arte sistemáticamente imposible de enseñar, es cierto al mismo tiempo que todas las predicciones económicas deben ser vistas como restringidas por la existencia de conocimiento a priori sobre las acciones.[37]

---

[36] Sobre la relación entre la teoría y la historia, ver en particular, Mises, *La Acción Humana*, pp. 51-59; y *Problemas Epistemológicos de la Economía*, capítulos 2-3.

[37] El ex-austriaco y neo-historicista-hermeneuticista-nihilista Ludwig Lachmann, que repite *ad nauseam* la imprevisibilidad de los estados futuros de conocimiento—ver su "De Mises a Shackle: Un Ensayo sobre Economía Austriaca y la Sociedad Caleidoscópica," *Journal of Economic Literature* 54 (1976); *El Mercado Como un Proceso Económico* (New York: Basil Blackwell, 1986)— completamente pierde de vista este último punto. De hecho, sus argumentos simplemente se auto-destruyen. Porque evidentemente él afirma saber con certeza la 'desconocibilidad' del conocimiento futuro y, por extensión lógica, de las acciones. Pero, entonces él sí sabe algo sobre el conocimiento futuro y la acción futura. Él tiene que saber algo sobre el conocimiento y la

Tomemos, por ejemplo, la teoría cuantitativa del dinero, la proposición praxeológica de que si aumenta la cantidad de dinero, y la demanda de dinero se mantiene constante, entonces el poder adquisitivo de la moneda disminuye. Nuestro conocimiento a priori acerca de las acciones nos informa que es imposible predecir científicamente si la cantidad de dinero será incrementada, disminuida o no será alterada. Tampoco es posible predecir científicamente si, independientemente de lo que ocurra con la cantidad de dinero, la demanda de dinero que se mantiene en efectivo subirá, bajará o permanecerá igual. No podemos pretender ser capaces de predecir esas cosas porque no podemos predecir el estado futuro del conocimiento de las personas. Y sin embargo esos estados evidentemente influyen en lo que sucede con la cantidad de dinero y la demanda de dinero. Entonces, nuestra teoría, nuestro conocimiento praxeológico integrado en la teoría cuantitativa, tiene límites al momento de predecir el futuro económico.

La teoría no permitiría predecir eventos económicos futuros, aunque, por ejemplo, fuese un hecho establecido que la cantidad de dinero fue expandida. Uno aún sería incapaz de predecir lo que pasaría con la demanda de dinero. Y aunque, por supuesto, eventos concurrentes a la demanda de dinero afectan el resultado (y cancelan, aumentan, disminuyen, aceleran o desaceleran los efectos provenientes del incremento de la oferta de dinero), esos cambios concurrentes no pueden en principio ser predichos o mantenidos constantes experimentalmente. Es un absurdo completo concebir al conocimiento subjetivo, cuyo cambio impacta las acciones, como predecible en base a variables

---

acción como tales. Y esto es, precisamente, lo que la praxeología dice ser: conocimiento respecto a las acciones como tales, y (como he explicado en mi "Sobre Praxeología y los Fundamentos Praxeológicos de la Epistemología y la Ética", pág. 49 abajo) conocimiento sobre la estructura que todo conocimiento futuro tiene que tener en virtud del hecho de que invariablemente debe ser el conocimiento de actores.

anteriores y como posible de ser mantenido constante. El experimentador mismo que quiere mantener constante el conocimiento tiene, de hecho, que presuponer que su conocimiento, específicamente su conocimiento sobre el resultado del experimento, no puede ser asumido constante a lo largo del tiempo.

La teoría cuantitativa de dinero entonces no puede presentar ningún evento económico específico, cierto o probable, sobre la base de una fórmula que emplea constantes de predicción. La teoría, sin embargo, de todas formas, restringiría el rango de predicciones correctas posibles. Y haría esto no como una teoría empírica, sino más bien como una teoría praxeológica, actuando como una restricción lógica en nuestra construcción de predicciones.[38] Las predicciones que no están en línea con ese conocimiento (en nuestro caso: la teoría cuantitativa) son sistemáticamente erróneas y hacerlas lleva a un número sistemáticamente cada vez más grande de errores de predicción. Esto no significa que alguien que basa sus predicciones en razonamiento praxeológico correcto necesariamente tendría que hacer mejores predicciones de eventos económicos futuros que alguien que llegó a sus predicciones a travésde deliberaciones y cadenas de razonamiento lógicamente defectuosas. Significa que en el largo plazo el pronosticador praxeológico obtendría un mejor promedio que los no praxeólogos.

Es posible hacer una predicción errónea a pesar de haber identificado correctamente el evento "incremento de oferta de dinero" y a pesar tener el razonamiento praxeológicamente correcto de que tal evento está por necesidad lógica relacionado con el evento "disminución del poder adquisitivo del dinero." Porque uno pudo equivocarse pronosticando lo que ocurriría con

---

[38] Sobre la lógica de la predicción social y económica, véase también Hoppe "En defensa de Racionalismo Extremo," Review of Austrian Economics 3 (1988), secciones 3, 4.

la "demanda de dinero." Uno podría haber pronosticado una demanda de dinero constante, pero la demanda podría en realidad haberse incrementado. Entonces, la inflación pronosticada podría no presentarse como se esperaba. Y, por otro lado, es igualmente posible que alguien haga la predicción correcta, que no caería el poder adquisitivo, a pesar de estar erróneamente convencido que un aumento en la cantidad de dinero no tiene nada que ver con el poder adquisitivo del dinero. Porque pudo ser que un cambio concurrente sucedió (la demanda por dinero aumentó) y contrarrestó su entendimiento erróneo de las causas y consecuencias, y accidentalmente convirtió su predicción en correcta.

Sin embargo, y esto me trae de vuelta al punto de que la praxeología restringe lógicamente nuestras predicciones de eventos económicos: ¿Qué pasa si asumimos que todos aquellos que hacen predicciones, incluyendo aquellos con y sin conocimiento praxeológico, están en promedio igualmente bien equipados para anticipar los otros cambios concurrentes? ¿Qué pasa si tienen en promedio igual suerte adivinando el futuro social y económico? Evidentemente, tenemos entonces que concluir que los que hacen predicciones reconociendo y en concordancia con las leyes praxeológicas, como la teoría cuantitativa del dinero, serán más exitosos que el grupo que es ignorante de la praxeología.

Es imposible construir una fórmula de predicción que emplee el supuesto de causas que operan de forma invariable en el tiempo que nos permita predecir científicamente los cambios en la demanda de dinero. La demanda de dinero depende necesariamente del estado futuro de conocimiento de la gente, y el conocimiento futuro es impredecible. Por eso el conocimiento praxeológico tiene una utilidad predictiva muy limitada.[39]

---

[39] Véase también Murray N. Rothbard, *Poder y Mercado* (Kansas City, Kansas. Sheed Andrews y McMeel, 1977), pp. 256-58, sobre la función diferente de la teorización económica en un entorno de

Pero de todos los que correctamente pronostican un aumento en la demanda de dinero y perciben de forma correcta que un aumento en la cantidad de dinero ha ocurrido, sólo aquellos que conocen la teoría cuantitativa del dinero harán una predicción correcta. Y aquellos cuyas convicciones están en desacuerdo con la praxeología necesariamente se equivocarán.

Entender la lógica de la predicción económica y la función práctica del razonamiento praxeológico es, entonces, ver a los teoremas a priori de la economía como restricciones lógicas sobre las predicciones empíricas y como límites lógicos sobre lo que puede, o no, suceder en el futuro.

# SOBRE PRAXEOLOGÍA Y EL FUNDAMENTO PRAXEOLÓGICO DE LA EPISTEMOLOGÍA

## I

Al igual que los economistas más grandes e innovadores, Ludwig von Mises intensa y repetidamente analizó el problema del estado lógico de las proposiciones económicas, esto es, cómo llegamos a conocerlas y cómo las validamos. De hecho, Mises ocupa un lugar muy alto entre los que sostienen que tal asunto es indispensable para lograr un progreso sistemático en economía. Porque cualquier malentendido respecto a la respuesta de tales fundamentales preguntas naturalmente conducirá a un desastre intelectual, esto es, a falsas doctrinas económicas. Así pues, Mises dedica tres de sus libros a clarificar los fundamentos lógicos de la economía: su temprano *Problemas Epistemológicos de Economía*, publicado en alemán en 1933; *Teoría e Historia*, de 1957; y

---

libre mercado versus un entorno obstaculizado por la intervención del gobierno.

*Fundamentos Últimos de la Ciencia Económica*, de 1962, el último libro de Mises, que apareció cuando él ya había pasado su octogésimo aniversario. Y sus trabajos en el campo de la economía también muestran invariablemente la importancia que Mises daba al análisis de los problemas epistemológicos. En particular, *La Acción Humana*, su obra maestra, ocupa sus primeras cien páginas exclusivamente en tales problemas, y las otras casi 800 páginas del libro están impregnadas con consideraciones epistemológicas.

Entonces, muy en línea con la tradición de Mises, los fundamentos de la economía son también el tema de este capítulo. Me he propuesto un doble objetivo. En primer lugar, quiero explicar la solución que Mises avanza respecto al problema del fundamento último de la ciencia económica, esto es, su idea de una teoría purade la acción, o praxeología, como él la llamó. Y en segundo lugar, quiero demostrar por qué la solución de Mises es mucho más que una idea indiscutible sobre la naturaleza de la economía y las proposiciones económicas.

La solución de Mises nos proporciona una visión que nos permite también comprender el fundamento sobre el que descansa en última instancia la epistemología. De hecho, como el título del capítulo sugiere, quiero mostrar que praxeología es lo que debe ser considerado el fundamento mismo de la epistemología, y que Mises, además de sus grandes logros como economista, contribuyó también con ideas pioneras a la justificaciónde toda la empresa de la filosofía racionalista.[40]

---

[40] Véase sobre lo siguiente también mi *Kritik der kausalwissenschaftli- chen Sozialforschung. Untersuchungen zur Grundlegung von Soziologic und Ökonomie*; idem, "¿Es Posible la Investigación Basada en Principios Científicos Causales en las Ciencias Sociales?," (capítulo 7); idem, "En Defensa del Racionalismo Extremo," Review of Austrian Economics 3 (1988).

# II

Regresemos a la solución de Mises. ¿Cuál es el status lógico de las proposiciones económicas típicas, tales como la ley de la utilidad marginal (que siempre que la oferta de un bien, cuyas unidades son consideradas como capaces de proveer la misma utilidad por unapersona, se incrementa en una unidad adicional, el valor que se asigna a esta unidad tiene que disminuir ya que sólo puede ser empleada como medio para la consecución de un objetivo que se considera menos valioso, por lo menos, que el objetivo previamente satisfecho con una unidad de ese bien); o la teoría cuantitativa del dinero (que cada vez que la cantidad dedinero se incrementa, mientras la demanda de dineroen efectivo que se mantiene en mano como reserva no ha cambiado, el poder adquisitivo del dinero disminuye)?

En la formulación de su respuesta, Mises enfrentó un doble desafío. Por un lado, estaba la respuesta ofrecida por el empirismo moderno. La Viena que Ludwig von Mises conoció fue de hecho uno de los primeros centrosdel movimiento empiricista, movimiento que estaba entonces a punto de consolidarse como la filosofía dominante en el mundo académico occidental por décadas, y que hasta estos días forma la imagen que la mayoría de los economistas tienen de su propia disciplina.[41]

---

[41] Sobre el Círculo de Viena ver V. Kraft, Der Wiener Kreis (Vienna: Springer, 1968); para interpretaciones empiricistas-positivistas de la economía ver las obras representativas de Terence Hutchison W, La Significancia y los Postulados Básicos de la Teoría Económica [Hutchison, un partidario de la variante popperiana del empiricismo, se ha vuelto mucho menos entusiasta sobre las perspectivas de una economía popperianizada—véase, por ejemplo, su Conocimiento e Ignorancia en Economía—sin embargo, aún no encuentra alternativa al falsacionismo de Popper]; Milton Friedman, "La metodología de Economía Positiva," en idem, Ensayos Sobre Economía Positiva; Mark Blaug, La Metodología de

El empiricismo considera a la naturaleza y las ciencias naturales como su modelo. Según el empiricismo, los ejemplos de proposiciones económicas anteriormente mencionados tienen el mismo status lógico que las leyes de la naturaleza: Al igual que las leyes de la naturaleza se refieren a relaciones hipotéticas entre dos o más eventos, esencialmente en forma deproposiciones si-entonces. Y al igual que las hipótesis de las ciencias naturales, las proposiciones de la economía requieren pruebas continuas, con experimentación. Una proposición sobre la relación de eventos económicos nunca puede ser validada con certeza en un solo momento. En lugar de eso, está por siempre supeditada a los resultados de futuros experimentos contingentes. Tal experiencia podría confirmar la hipótesis. Pero eso no prueba que la hipótesis sea verdad, dado que la proposición económica ha utilizado términos generales (en la terminología filosófica: universales) en su descripción de los eventos relaciona- dos, y, por lo tanto, se aplica a un número indefinido de casos o instancias, con lo que siempre deja espacio para una posible falsación con experiencias futuras. Todo lo que una confirmación prueba es que la hipótesis aún no ha resultado equivocada. Por otro lado, la experiencia puede falsar la hipótesis. Esto sin duda probaría que algo andaba mal con la hipótesis en su forma original. Pero no probaría que la relación hipotetizada entre los eventos especificados nunca podría ser observada. Simplemente mostraría que considerando y controlando en las observaciones solamente lo que hasta ahora se había considerado y controlado, la relación aún no se ha presentado. No puede excluirse, sin embargo, que la relación pueda presentarse tan pronto como algunasotras circunstancias hayan sido controladas.

---

la Economía; una versión positivista de uno de los participantes del Privat Seminar de Mises en Viena es la de E. Kaufmann, Metodología de las Ciencias Sociales; el dominio del empiricismo en la economía está documentado por el hecho de que probablemente no hay un solo libro texto, que no clasifique de forma explícita a la economía como—¿qué más?—una ciencia empírica (a posteriori).

La actitud que esta filosofía promueve y que de hecho se ha vuelto característica de la mayoría de los economistas contemporáneos es un escepticismo: su lema es "en el campo de los fenómenos económicos, no se puede saber con certeza que algo sea imposible." Con mayor precisión, dado que el empiricismo concibe los fenómenos económicos como datos objetivos, que se extienden en el espacio y sujetos a medición cuantificable—en estricta analogía con los fenómenos de las ciencias naturales—el escepticismo peculiar de los economistas empiricistas puede ser descrito como el de un ingeniero social que no garantiza nada.[42]

El otro desafío que Mises enfrentó vino por el lado de la escuela historicista. De hecho, durante la vida de Mises en Austria y Suiza, la filosofía historicista era la ideología prevaleciente en las universidades de habla alemana y su establishment. Con el surgimiento del empiricismo esa prominencia se redujo considerablemente. Pero, durante más o menos la última década el historicismo ha ganado momento entre los académicos del mundo occidental. Hoy está con nosotros en todos lados bajo los nombres de hermenéutica, retórica, deconstruccionismo, y anarquismo epistemológico.[43]

---

[42] Sobre las consecuencias relativistas del empiricismo-positivismo véase también Hoppe, *Una Teoría del Socialismo y el Capitalismo* (Boston: Kluwer Academic Publishers, 1989), capítulo 6; idem, "La Fachada Intelectual Para el Socialismo".

[43] Véase Ludwig von Mises, *El Marco Histórico de la Escuela Austriaca de Economía* (Auburn, Alabama: Ludwig von Mises Institute, 1984); idem, *Erinnerungen* (Stuttgart: Gustav Fischer, 1978); idem, *Teoría e Historia*, capítulo 10; Murray N. Rothbard, *Ludwig von Mises: Estudioso, Creador, Héroe* (Auburn, Alabama: Ludwig von Mises Institute, 1988); para un crítico recuento de las ideas historicistas véase también Karl Popper, *La Miseria del Historicismo*; para una versión antigua, representativa de la interpretación historicista de la economía ver Werner Sombart, *Die drei*

Para el historicismo, y sobre todo para sus versiones contemporáneas, el modelo no es la naturaleza, sino un texto literario. Según la doctrina historicista, los fenómenos económicos no son magnitudes objetivas que se puedan medir. En lugar de eso, son expresiones subjetivas e interpretaciones que ocurren en la historia que deben ser comprendidas e interpretadas por el economista al igual que un texto literario se desarrolla y es interpretado por el lector. Como las creaciones subjetivas, la secuencia de sus eventos no sigue ley objetiva. Nada en el texto literario, y nada en la secuencia de expresiones históricas e interpretaciones se rige por relaciones constantes. Por supuesto, textos literarios de hecho existen, y también ciertas secuencias de acontecimientos históricos. Pero eso de ninguna forma implica que algo tenía que pasar en el orden en que lo hizo. Simplemente ocurrió. Pero, de la misma manera que uno siempre puede inventar diferentes historias literarias, la historia y la secuencia de acontecimientos históricos, también podrían haber sucedido de una manera totalmente diferente. Además, según el historicismo, y particularmente visible en su versión moderna hermenéutica, la formación de estas expresiones humanas siempre contingentemente relacionadas y sus interpretaciones tampoco está restringida por ninguna ley objetiva. En producción literaria cualquier cosa puede ser expresada o interpreta en torno a algo; y, en la misma línea, los eventos históricos y económicos son cualquier cosa que alguien exprese o interprete de ellos, y entonces su descripción por el historiador y el economista es cualquier cosa que éste exprese o interprete que esos hechos subjetivos del pasado hayan sido.

La actitud que la filosofía historicista genera es un relativismo. Su

---

*Nationalökono-mien* (Munich: Duncker & Humblot, 1930); para el giro moderno, hermenéutico, Donald McCloskey, *La Retórica de la Economía* (Madison: University of Wisconsin Press, 1985); Ludwig Lachmann, "De Mises a Shackle: Un Ensayo Sobre la Economía Austriaca y la Sociedad Caleidoscó- pica," *Journal of Economic Literature* (1976).

lema es "todo es posible." Para el historicista-hermeneuticista, sin restricciones de ninguna ley objetiva, la historia y la economía, junto a la crítica literaria, son asuntos de estética. Y, en consecuencia, su trabajo toma la forma de disquisiciones sobre lo que alguien siente acerca de lo que él siente fue sentido por otra persona—una forma literaria con la que estamos muy familiarizados, en particular en campos como la sociología y ciencia política.[44]

Confío en que uno siente intuitivamente que algo está seriamente mal con las filosofías empiricista e historicista. Sus declaraciones epistemológicas ni siquiera parecen encajar en sus propios modelos auto- elegidos: la naturaleza por un lado y los textos literarios, por el otro. Y en cualquier caso, en relación con las proposiciones económicas, tales como la ley de utilidad marginal o la teoría cuantitativa del dinero, sus declaraciones parecen ser simplemente erróneas. La ley de la utilidad marginal ciertamente no parece una ley hipotética sujeta por siempre para su validación a experimentos de confirmación o desconfirmación aquí o allá. Y concebir los fenómenos de los que se habla en la ley como magnitudes cuantificables parece ser simplemente ridículo. La interpretación historicista tampoco se ve mejor. Pensar que la relación entre los eventos mencionados en la teoría cuantitativa del dinero puede deshacerse si uno simplemente lo quiere hacer parece absurdo. Y la idea de que conceptos tales como dinero,

---

[44] Sobre el relativismo extremo del historicismo-hermenéutico ver Hoppe "En Defensa de Racionalismo Extremo"; Murray N. Rothbard, "La Invasión Hermenéutica de la Filosofía y la Economía," Review of Austrian Economics (1988); Henry Veatch, "La Deconstrucción en Filosofía: ¿Ha Hecho Rorty de ella el Desenlace de la Filosofía Analítica Contemporánea," Review of Metaphysics (1985); Jonathan Barnes, "Un Tipo de Integridad," Austrian Economics Newsletter (verano 1987); David Gordon, Hermenéutica versus Economía Austriaca (Auburn, Alabama: Ludwig von Mises Institute, Occasional Paper Series, 1987); para una crítica brillante de la sociología contemporánea, ver St. Andreski, Ciencia Social como Brujería (New York: St. Martin Press, 1973).

demanda de dinero, y poder adquisitivo se forman sin ningún tipo de restricciones objetivas y se refieren sólo a caprichosas creaciones subjetivas no parece menos absurda. En lugar de eso, contrariamente a la doctrina empiricista, ambos ejemplos de proposiciones económicas parecen ser lógicamente verdaderos y referirse a eventos que son subjetivos en naturaleza. Y contrario al historicismo, parece que lo que afirman no puede deshacerse en toda la historia y contiene distinciones conceptuales que, refiriéndose a hechos subjetivos, están, sin embargo, objetivamente restringidas, e incorporan conocimiento universalmente válido.

Como la mayoría de los economistas más conocidos antes que él, Mises comparte estas intuiciones.[45] Sin embargo, en la búsqueda de los fundamentos de la economía, Mises va más allá de la intuición. Él asume el reto del empiricismo y el historicismo para reconstruir sistemáticamente la base sobre la que estas intuiciones pueden ser entendidas como correctas y justificadas. Él no quería crear una nueva disciplina de economía. Pero explicando lo que antes sólo había sido intuitivamente entendido, Mises va más allá de todo lo que se había hecho antes. En la reconstrucción de los fundamentos racionales de las intuiciones de los economistas, él nos garantiza el camino correcto para cualquier desarrollo futuro en economía y nos salvaguarda contra errores intelectuales sistemáticos.

El empiricismo y el historicismo, señala Mises al inicio de su

---

[45] En cuanto a los puntos de vista epistemológicos de predecesores tales como J. B. Say, Nassau W. Senior, J. E. Cairnes, John Stuart Mill, Carl Menger, y Friedrich von Wieser, véase Ludwig von Mises, *Problemas Epistemológicos de la Economía*, pp. 17-23, también Murray N. Rothbard, "Praxeología: La Metodología de la Economía Austriaca," en Edwin Dolan, ed, *Los Fundamentos de la Economía Austriaca Moderna* (Kansas City: Sheed and Ward, 1976).

reconstrucción, son doctrinas auto- contradictorias.[46] La noción empiricista de que todos los eventos, naturales o económicos, están sólo hipotéticamente relacionados es contradicha por el mensaje de la proposición básica empiricista misma: Porque si esa proposición fuese considerada simplemente hipotéticamente verdadera, esto es, una proposición hipotéticamente verdadera respecto a proposiciones hipotéticamente verdaderas, ni siquiera calificaría como un pronunciamiento epistemológico. Porque no proporcionaría entonces ninguna justificación para la afirmación de que las proposiciones económicas no son, ni pueden ser, categóricamente verdaderas, o a priori, como nuestra intuición nos dice que son. Sin embargo, si la premisa empiricista básica se asume como categóricamente verdadera, es decir, si asumimos que uno puede decir algo verdadero a priori sobre la forma en que los eventos están relacionados, entonces esto entraría en contradicción con su propia tesis de que el conocimiento empírico tiene invariablemente que ser conocimiento hipotético, por tanto daría espacio para una disciplina como la economía que dice producir conocimiento empírico válido a priori. Además, la tesis empiricista de que los fenómenos económicos tienen que ser concebidos como de magnitudes observables y mensurables—análogos a los de las ciencias naturales— se vuelve no concluyente, también, por su propia cuenta: Porque, obviamente, el empiricismo nos quiere dar conocimiento empírico significativo cuando nos informa que nuestros conceptos económicos se basan en observaciones. Y, sin embargo, los

---

[46] Además de las obras de Mises citadas al comienzo de este capítulo y de la literatura mencionada en la nota 40, véase Murray N. Rothbard, *Individualismo y la Filosofía de las Ciencias Sociales* (San Francisco: Cato Institute, 1979); para un espléndida crítica filosófica de la economía empiricista ver Hollis y Nell, *Hombre Económico Racional*; como defensas generales particularmente valiosas del racionalismo contra el empiricismo y el relativismo—sin referencia a la economía, sin embargo—ver Blanshard, *Razón y Análisis*; Kambartel, *Erfahrung und Struktur*.

conceptos de observación y medición mismos, que el empiricismo tiene que emplear para afirmar lo que dice, son ambos obviamente no derivados de la experimentación observacional en el sentido de que los conceptos como gallinas y huevos, o manzanas y peras son. No se puede observar a alguien hacer una observación o medición. En lugar de eso, uno debe primero entender lo que las observaciones y mediciones son para luego ser capaz de interpretar ciertos fenómenos observables como la realización de una observación o la toma de una medición. Por tanto, contrario a su propia doctrina, el empiricismo se ve obligado a admitir que existe conocimiento empírico que se basa en entendimiento—así como de acuerdo a nuestras intuiciones las proposiciones económicas dicen basarse en entendimiento— envez de observaciones.[47]

Y en cuanto al historicismo, sus autocontradicciones también son claras. Porque si, como pretende el historicismo, los eventos históricos y económicos—que concibe como una sucesión de eventos subjetivamente entendidos en lugar de observados—no están gobernados por ninguna relación invariante en el tiempo, entonces esta proposición misma tampoco puede pretender que dice algo constantemente verdadero sobre la historia y la economía. En lugar de eso, sería una proposición con, por así decirlo, un valor de verdad efímero: puede ser cierto ahora, si así lo queremos, pero posiblemente falsa un momento después, en caso ya no queramos, sin que nadie nunca sepa nada acerca de si queremos o no. Pero, si ese fuese el status de la premisa historicista básica, obviamente tampoco calificaría como epistemología. El historicismo no nos ha dado ninguna razón para creer lo que dice. Sin embargo, si la proposición básica del

---

[47] Para una defensa elaborada del dualismo epistemológico ver también Apel, *Transformation der Philosophie*, 2 vols. y Habermas, *Zur Logik der Sozialwissenschaften*.

historicismo fuese asumida como invariablemente verdadera, entonces tal proposición acerca de la naturaleza constante de los fenómenos históricos y económicos estaría en contra-dicción con su propia doctrina que niega tales constantes. Además, la pretensión historicista—y más aún su heredera moderna, la hermenéutica—de que los eventos históricos y económicos son simples creaciones subjetivas, sin restricciones de factores objetivos, se demuestra falsa por la misma declaración en sí misma. Dado que evidentemente, un historicista tiene que asumir esa declaración misma como significativa y verdadera; él tiene que asumir que dice algo específico respecto a algo, en lugar de limitarse a emitir sonidos sin sentido como abracadabra. Sin embargo, si este es el caso, entonces, claramente, su declaración se debe asumir como limitada por algo fuera del ámbito de creaciones subjetivas arbitrarias. Por supuesto, yo puedo repetir lo que dice el historicista en inglés, alemán o chino, o en cualquier idioma que yo desee, mientras las expresiones e interpretaciones históricas y económicas bien pueden ser consideradas como simples creaciones subjetivas. Pero cualquier cosa que yo diga, en el idioma que yo elija, tiene que ser asumida como restringida por algún significado proposicional subyacente de mi declaración, que es el mismo en cualquier idioma, y existe completamente independiente de cualquier forma lingüística peculiar en la que esté expresada. Y contrariamente a la creencia historicista, la existencia de tal restricción no es tal que uno podría disponer de ella a voluntad. En lugar de eso, es objetiva en el sentido que podemos entenderla como un presupuesto lógico necesario para decir algo significativo, a diferencia de solamente producir sonidos sin sentido. El historicista no puede pretender decir algo si no fuese por el hecho de que sus expresiones e interpretaciones están realmente limitadas por las leyes de la lógica como presuposición misma de declaraciones significativas como tales.[48]

---

[48] Véase sobre este tema en particular, Hoppe, "En Defensa del Racionalismo Extremo."

Con tal refutación del empiricismo y el historicismo, Mises nota, los reclamos de la filosofía racionalista son exitosamente restablecidos, y se establece un caso para la posibilidad de enunciados verdaderos a priori, como los de la economía parecen ser. De hecho, Mises se refiere de forma explícita a sus investigaciones epistemológicas como una continuación en el trabajo de la filosofía racionalista occidental. Con Leibniz y Kant, él se opone a la tradición de Locke y Hume.[49] Él está al costado de Leibniz cuando responde a la famosa frasede Locke "no hay nada en el intelecto que no haya estado previamente en los sentidos", con su igualmente famoso "excepto el intelecto mismo." Y él reconoce su labor como filósofo de la economía como estrictamente análoga a la de Kant como filósofo de la razón pura, es decir, de epistemología. Al igual que Kant, Mises quiere demostrar la existencia de proposiciones sintéticas verdaderas a priori, o proposiciones cuya veracidad puede ser definitivamente establecida, aunque para hacerlo los medios de la lógica formal sean no suficientes y las observaciones innecesarias.

Mi crítica del empiricismo y del historicismo ha probado la afirmación general racionalista. Se ha demostrado que de hecho nosotros poseemos conocimiento que no se deriva de la observación y aun así se ve restringido por leyes objetivas. De hecho, nuestra refutación del empiricismo y el historicismo contiene tal conocimiento sintético a priori. Pero, ¿qué pasa con la tarea constructiva de mostrar que las proposiciones de la economía—tales como la ley de utilidad marginal y la teoría cuantitativa del dinero—califican como este tipo de conocimiento? Para hacerlo, Mises nota de acuerdo a las restricciones tradicionalmente formuladas por los filósofos racionalistas, las proposiciones económicas deben cumplir dos requisitos: Primero, debe ser posible demostrar que no se derivan de evidencia observada, porque la evidencia observacional sólo puede revelar las cosas como pasan; no hay nada en eso que

---

[49]Véase Mises, *El Fundamento Último de la Ciencia Económica*, p. 12.

indique por qué las cosas *tienen* que ser de la forma que son. En lugar de eso, las proposiciones económicas deben mostrar estar basadas en conocimiento reflexivo, en nuestra comprensión de nosotros mismos como sujetos cognoscentes. Y segundo, esta comprensión reflexiva tiene que producir proposiciones de axiomas materiales auto-evidentes. No en el sentido de que tales axiomas tienen que ser auto-evidentes en un sentido psicológico, es decir, que uno tiene que ser consciente de ellos inmediatamente o que su verdad depende de una sensación psicológica de convicción. Al contrario, como Kant antes que él, Mises enfatiza mucho el hecho de que usualmente es mucho más dificultoso descubrir tales axiomas de lo que es descubrir verdades observacionales, como que las hojas de los árboles son verdes o que mido 6 pies 2 pulgadas.[50] En lugar de eso, lo que las hace axiomas materiales auto-evidentes es el hecho de que nadie puede negar su validez sin auto-contra dicción, porque en el intento de negarlos uno ya presupone su validez.

Mises señala que ambos requisitos se cumplen en lo que él llama el axioma de la acción, esto es, la proposición de que los seres humanos actúan, que muestran un comportamiento intencional.[51] Obviamente, este axioma no se deriva de la observación—sólo hay movimientos corporales a ser observados, pero no hay tal cosa como acciones—sino que deriva más bien de la comprensión reflexiva. Y este entendimiento es en efecto una proposición auto-evidente. Porque su verdad no puede ser negada, ya que la negación en sí tendría que ser categorizada como una acción. Pero ¿no es esto simplemente trivial? ¿Y qué tiene la economía que ver con esto? Por supuesto, ha sido reconocido previamente

---

[50] Véase Kant, *Crítica de la Razón Pura*, p. 45; Mises, *La Acción Humana*, p. 38.

[51] Sobre lo siguiente véase en particular Mises, *La Acción Humana*, capítulo 4; Murray N. Rothbard, *Hombre, Economía y Estado* (Los Ángeles: Nash, 1962), capítulo 1.

que conceptos económicos tales como precios, costos, producción, dinero, crédito, etc. tienen algo que ver con el hecho de que somos gente que actúa. Pero que toda la economía pueda ser fundada y reconstruida sobre la base de una proposición tan trivial y cómo, es ciertamente no muy claro. Uno de los mayores logros de Mises es haber demostrado precisamente esto: que hay ideas implicadas en este, psicológicamente hablan- do trivial, axioma de acción que no eran psicológicamente auto-evidentes; y que son esas ideas las que proveen de fundamento a los teoremas de la economía como proposiciones sintéticas verdaderas a priori.

Ciertamente no es psicológicamente evidente que con cada acción un actor persiga un objetivo; y que cualquiera que sea el objetivo, el hecho de que era perseguido por el actor revela que el actor tuvo que haber colocado un valor relativamente más alto sobre él que el que puso sobre cualquier otro objetivo que se le ocurrió al comienzo de su acción. No es evidente que para lograr su objetivo más preciado el actor tenga que interferir o decidir no intervenir—que por supuesto, también es una interferencia intencional—en un momento anterior a fin de producir un resultado más adelante; ni es obvio que tales interferencias invariablemente impliquen el empleo de unos medios escasos— por lo menos el cuerpo del actor, el lugar que ocupa, y el tiempo absorbido por la acción. No es autoevidente que esos medios, entonces, tengan también que tener un valor para el actor—un valor derivado del objetivo—porque el actor tiene que considerar su empleo como necesario para eficazmente lograr el objetivo; ni que las acciones sólo puedan llevarse a cabo de forma secuencial, siempre envolviendo una elección, esto es, tomando el curso de acción que en un momento dado promete los resultados más valorados para el actor, y la exclusión al mismo tiempo de la búsqueda de otros objetivos, menos valorados. No es automáticamente claro que como consecuencia de tener que elegir y dar preferencia a un objetivo sobre otro—de no ser capaz de alcanzar todos los objetivos al mismo tiempo—cada una las acciones impliquen incurrir en costos, esto es, abandonar el valor que se asigna a la meta alternativa más alta que no puede ser alcanzada o cuya realización debe ser diferida, porque los medios necesarios para alcanzarla están siendo utilizados en la producción del otro objetivo más valorado. Y, por último, no es evidente que en el punto de partida cada objetivo de acción tenga que ser considerado por el actor como más valioso que su costo y capaz de producir un beneficio, es decir, un resultado cuyo valor está en un puesto más alto que el de la oportunidad abandonada, y sin embargo esa misma acción también está invariablemente amenazada por la posibilidad de una pérdida si el actor se da cuenta, en retrospectiva, que contrariamente a sus expectativas el resultado alcanzado, de hecho, tiene un valor inferior que el de la alternativa a la que se renunció hubiese tenido.

Todas estas categorías que sabemos están en el corazón mismo de la economía—valores, fines, medios, elección, preferencia, costos, pérdidas y ganancias— están implicadas en el axioma de la acción. Como el axioma mismo, ellas no se derivan de la observación. En lugar de eso, que uno sea capaz de interpretar las observaciones en términos de tales categorías requiere que uno sepa ya lo que significa actuar. Nadie que no fuese un actor podría entenderlas ya que no vienen "dadas", listas para ser observadas, sino que la experimentación observacional está enmarcada en esos términos cuando es interpretada por un actor. Y mientras ellas y sus interrelaciones no están obviamente implicadas en el axioma de la acción, una vez que se ha hecho explícito que están implicadas, y cómo, nadie tiene ya ninguna dificultad reconociéndolas como verdaderas a priori en el mismo sentido que el axioma mismo. Porque cualquier intento de refutar la validez de lo que Mises reconstruyó como implicado en el concepto mismo de acción tendría que estar dirigido hacia un objetivo, requerir unos medios, excluir otros cursos de acción, incurrir en costos, someter al actor a la posibilidad de alcanzar o no la meta deseada y así llevar a una ganancia o una pérdida. Por tanto, es manifiestamente imposible disputar o falsar la validez de las ideas de Mises. De hecho, una situación en la que las categorías de acción cesarían de tener existencia real nunca podría ser observada o nunca se podría hablar de ella, ya que hacer una observación y hablar son accionesen sí mismas.

Todas las proposiciones económicas verdaderas—y de eso se trata la praxeología y en eso consiste la gran idea de Mises—se pueden deducir por medio de la lógica formal de ese indiscutible conocimiento material verdadero sobre el significado de la acción y sus categorías. De forma más precisa, todos los teoremas económicos verdaderos consisten en (a) la comprensión del significado de la acción, (b) una situación, o cambio de situación—que se asume como dada, o identificada como siendo dada, y descrita en términos de las categorías de acción—y (c) una deducción lógica de las consecuencias—de nuevo, en términos de las categor- ías—que resultan para el actor de esa situación o cambio de situación. La ley de la utilidad marginal, por ejemplo,[52] se desprende de nuestro conocimiento indiscutible del hecho de que el actor siempre prefiere lo que le satisface más a lo que le satisface menos, másel supuesto de que se enfrenta al aumento en la oferta de un bien (un medio escaso), cuyas unidades él considera como capaces de proporcionar el mismo servicio, en una unidad adicional. De esto se desprende con necesidad lógica que esa unidad adicional solamen- te puede ser empleada como medio para remover un malestar que se considera menos urgente que el objetivo menos valioso previamente satisfecho con una unidad de ese bien. Mientras no haya error en el proceso de deducción, las conclusiones que la teoriza- ción económica produce—no diferentes para cualquier otra proposición económica que el caso de la ley de utilidad marginal—deben ser válidas a priori. La validez de estas proposiciones se remonta en última instancia al indiscutible axioma de la acción. Pensar, como hace el empiricismo, que estas proposiciones requieren pruebas empíricas de continuas para su validación es absurdo, y un signo de confusión intelectual plena. Y no es menos absurdo y confuso creer, como hace el

---

[52] Sobre la ley de la utilidad marginal ver Mises, *La Acción Humana*, pp. 119-27 y Rothbard, *Hombre, Economía y Estado*, pp. 268-71.

historicismo, que la economía no tiene nada que decir sobre relaciones constantes e invariables, sino que simplemente se ocupa de eventos históricamente accidentales. Decir tal cosa en forma significativa es probar tal afirmación errónea, porque decir algo significativo ya presupone actuar y tener conocimiento del significado de las categorías de acción.

# III

Hasta aquí será suficiente como explicación de la respuesta de Mises sobre la búsqueda de los fundamentos de la economía. Ahora pasaré a mi segunda meta: la explicación de por qué y cómo la praxeología también proporciona la base para la epistemología. Mises era consciente de ello y estaba convencido de la gran importancia de esta idea para la filosofía racionalista. Pero Mises no trató el asunto de una forma sistemática. No hay más que unas breves observaciones respecto a este problema, dispersas a lo largo de su gran cantidad de escritos.[53] Así que, a

---

[53] Mises escribe: "El conocimiento es una herramienta de la acción. Su función es aconsejar al hombre sobre cómo proceder en su empeño de eliminar dificultades. La categoría de la acción es la categoría fundamental del conocimiento humano. Implica todas las categorías de lógica y las categorías de regularidad y causalidad. Implica la categoría de tiempo y la de valor. ... Al actuar, la mente del individuo se ve a sí misma como diferente de su medio ambiente, del mundo externo, y trata de estudiar el medio ambiente para influenciar el curso de acontecimientos que suceden en este." (*El Fundamento Último de la Ciencia Económica*, pp. 35-36). O: "Ambos, el pensamiento y el razonamiento a priori por un lado y la acción humana por el otro, son manifestaciones de la mente. ... La razón y la acción son congenéricas y homogéneas, dos aspectos del mismo fenómeno" (ibid., p. 42). Pero, él deja el asunto más o menos

continuación trataré de abrir nuevos caminos.

Empezaré mi explicación con la introducción de un segundo axioma a priori y clarificaré su relación con el axioma de la acción. Tal comprensión es la clave para resolver nuestro problema. El segundo axioma es el llamado "a priori de argumentación," que establece que los seres humanos son capaces de argumentación, y por lo tanto conocen lo significa verdad y validez.[54] Al igual que en el caso del axioma de la acción, este conocimiento no se deriva de la observación: sólo hay conducta verbal a ser observada y previa cognición reflexiva es requerida para interpretar tal conducta como argumentos significativos. Y la validez del axioma, como la del axioma de la acción, es indiscutible. Es imposible negar que uno puede argumentar, porque la negación sería en sí misma un argumento. De hecho, uno ni siquiera puede decirse a sí mismo en silencio "No puedo discutir" sin contradecirse a sí mismo. No se puede argumentar que no se puede argumentar. Tampoco se puede disputar que uno entiende lo que significa llegar a una proposición verdadera o válida sin implícitamente mostrar como verdadera la negación de esta proposición.

No es difícil detectar que ambos axiomas a priori— de acción y de argumentación—están íntimamente relacionados. Por un lado, las acciones son más fundamentales que las argumentaciones con cuya existencia emerge la idea de validez, siendo la argumentación sólo una subclase de la acción. Por otro lado, reconocer lo que acaba de ser reconocido respecto a la acción y la argumentación y la relación entre ellos requiere argumentación; y por lo tanto, en este sentido, la argumentación debe ser

---

aquí, y concluye que "no es asunto de la praxeología investigar la relación del pensamiento y la acción" (*La Acción Humana*, p. 25).

[54] Sobre el a priori de la argumentación véase también K. O. Apel, *Transformation der Philosophie*, vol. 2.

considerada más fundamental que la acción: sin argumentación nada podría decirse que se conoce acerca de la acción. Pero entonces, dado que es en argumentación que tal idea se descubre—mientras que podría ser desconocido antes de cualquier argu mentación—de hecho, la posibilidad de argumentación presupone acción en que las proposiciones de verdad sólo pueden ser explícitamente discutidas en el curso de una argumentación si los individuos que la realizan saben ya lo que significa actuar y tener conocimiento implicado en la acción—tanto el significado de laacción en general y el de la argumentación en particular deben ser entendidos como hilos entrelazados lógica- mente necesarios de conocimiento a priori.

Lo que esta idea sobre la interrelación entre el apriori de acción y el a priori de argumentación sugiere es lo siguiente: Tradicionalmente, la tarea de la epistemología ha sido formular lo que puede ser conocido como verdadero a priori, y también lo que puede ser conocido a priori no ser objeto de conocimiento a priori. Reconociendo, como acabamos de hacer, que las afirmaciones de conocimiento se plantean y deciden en el curso de una argumentación y que esto es innegable, ahora uno puede reconstruir la tarea de la epistemología con mayor precisión: formular las proposiciones que son argumentativamente indiscutibles dado que su verdad está ya implícita en el hecho mismo de dar un argumento y por tanto no se puede negar argumentativamente; y delimitar el rango de tal conocimiento a priori del campo de proposiciones cuya validez no puede ser establecida de esta manera, sino que requiere información adicional y contingente para su validación, o que no pueden ser validadas de ninguna forma y por tanto son simples enunciados metafísicos en el sentido peyorativo del término metafísico.

Pero ¿Qué es lo que está implicado en el acto de argumentar? Es a esta pregunta que nuestra idea sobre la inseparable interconexión entre el a priori de argumentación y el de acción ofrece una respuesta: A un nivel muy general, no se puede negar argumentativamente que la argumentación presupone acción, y que los argumentos y el conocimiento contenido en ellos, son de actores. Y más específicamente, que no puede negarse, entonces, que el conocimiento mismo es una categoría de acción; que la estructura del conocimiento tiene que ser restringida por la función peculiar que el conocimiento tiene dentro del marco de las categorías de acción; y que la existencia de tales restricciones estructurales nunca puede ser refutada en absoluto por ningún conocimiento.

Es en este sentido que debe considerarse que las ideas contenidas en la praxeología proveen los fundamentos de la epistemología. El conocimiento es una categoría muy distinta a las que he explicado antes—de fines y medios. Los fines que nos esforzamos por alcanzar a través de nuestras acciones, y los medios que empleamos para hacerlo, son ambos valores escasos. Los valores ligados a nuestras metas están sujetos al consumo y son exterminados y destruidos en el consumo, y por tanto siempre deben ser producidos de nuevo. Y los medios empleados tienen que ser economizados, también. No es así, sin embargo, con el conocimiento—independientemente de si uno lo considera un medio o un fin en sí mismo. Por supuesto, la adquisición de conocimiento requiere medios escasos—por lo menos el cuerpo y el tiempo de uno. Sin embargo, una vez que el conocimiento se adquiere, ya no es escaso. No desaparece después de ser consumido, tampoco los servicios que puede brindar, a diferencia de los otros medios sujetos a agotamiento. Una vez allí, es un recurso inagotable e incorpora un valor que dura a la eternidad, siempre y cuando no sea simplemente olvidado.[55] Sin embargo, el conocimiento no es un bien libre en el mismo sentido que el aire en circunstancias normales. En lugar de eso, es una categoría de acción. No es solamente un ingrediente mental de toda acción, muy a diferencia del aire, sino de forma más importante, el conocimiento, y no el aire, está

---

[55] Sobre esta diferencia fundamental entre medios económicos, esto es, escasos, y el conocimiento, véase también Mises, *La Acción Humana*, pp.128, 661.

sujeto a validación, es decir, tiene que demostrar que cumple una función positiva para el actor dentro de las restricciones invariantes del marco categórico de las acciones. Es tarea de la epistemología aclarar cuáles son esas restricciones y lo que uno puede entonces saber acerca de la estructura del conocimiento.

Si bien tal reconocimiento de las restricciones praxeológicas sobre la estructura del conocimiento podrían no impresionar a uno inmediatamente por su importancia, sí tiene implicaciones muy importantes. Por un lado, a la luz de esta idea una dificultad recurrente de la filosofía racionalista encuentra su respuesta. Ha sido un problema común con el racionalismo en la tradición Leibniz-Kant que parece implicar una especie de idealismo. Al darse cuenta que las proposiciones verdaderas a priori no podían derivarse de las observaciones, el racionalismo respondía a la pregunta sobre cómo el conocimiento a priori podía entonces ser posible adoptando el modelo de mente activa, como opuesto al modelo empiricista de mente pasiva, como espejo que refleja, en la tradición de Locke y Hume. Según la filosofía racionalista, las proposiciones verdaderas a priori tenían su fundamento en la operación de los principios del pensamiento que uno no podía concebir como operando de otra manera; estaban basadas en las categorías de una mente activa. Ahora, como los empiricistas estaban siempre muy dispuestos a señalar, la crítica obvia a tal posición es, que, si ese fuese el caso, no se podría explicar por qué esas categorías mentales deberían ajustarse a la realidad. En vez de eso, uno se vería obligado a aceptar el absurdo supuesto idealista de que la realidad tendría que ser concebida como una creación de la mente, para poder afirmar que el conocimiento a priori podía incorporar alguna información acerca de la estructura de la realidad. Y claramente, tal afirmación parecía estar justificada cuando se encontraban con las declaraciones programáticas de filósofos racionalistas como ésta de Kant a continuación: "Hasta ahora se ha supuesto que nuestro conocimiento tiene que estar conforme a la realidad," en vez de eso se debería asumir "que realidad observacional debería estar conforme a nuestramente."⁵⁶

Reconocer al conocimiento como estructuralmente restringido por su rol en el marco de las categorías de acción proporciona la solución a tal queja. Pues tan pronto esto se entiende, todas las sugerencias idealistas de la filosofía racionalista desaparecen, y en lugar de eso una epistemología que propone que las proposiciones verdaderas a priori existen se convierte en una epistemología realista. Entendido como restringido por las categorías de acción, el abismo aparentemente insalvable, entre lo mental por un lado y el mundo real físico exterior por el otro, se supera. De tal forma restringido, el conocimiento a priori tiene que ser tanto un asunto mental y un reflejo de la estructura de la realidad, puesto que es sólo a través de acciones que la mente entra en contacto con la realidad, por así decirlo. Actuar es un ajuste guiado cognitivamente de un cuerpo físico en una realidad física. Y así, no puede haber ninguna duda de que el conocimiento a priori, concebido como un entendimiento acerca las restricciones estructurales impuestas sobre el conocimiento como conocimiento de los actores, tiene de hecho que corresponder a la naturaleza de las cosas. El carácter realista de tal conocimiento se manifiesta no sólo en el hecho de que uno no puede *pensar* que sea de otro modo, sino en el hecho de que uno no puede *deshacer* esa verdad.

Pero hay más implicancias específicas envueltas en el reconocimiento de los fundamentos praxeológicos de la epistemología—aparte de la implicancia general que sustituyendo

---

⁵⁶ Immanuel Kant, La Crítica de la Razón Pura, p. 25. Sea o no tal interpretación de la epistemología de Kant correcta es, por supuesto, un asunto muy diferente. Aclarar tal problema, sin embargo, aquí no es importante. Para una interpretación activista o constructivista de la filosofía kantiana véase E. Kambartel, *Erfahrung und Struktur*, capítulo 3; también Hoppe, *Handeln und Erkennen* (Bern: Lang, 1976).

el modelo de mente de un actor que actúa usando como medio un cuerpo físico por el modelo racionalista tradicional de mente activa, el conocimiento a priori se convierte inmediatamente en conocimiento realista (de hecho tan realista que puede entenderse como literalmente imposible de deshacer). Más específicamente, a la luz de esta idea se proporcio- na decisivo apoyo a los lamentablemente pocos filósofos racionalistas que—contra el Zeitgeist empiricista—obstinadamente sostienen en varios frentes filosóficos que las proposiciones a priori verdaderas acerca del mundo real son posibles.[57] Además, a la luz del reconocimiento de las restricciones praxeológicas sobre la estructura del conocimiento esas diversas empresas racionalistas se integran sistemáticamente en una sola, el cuerpo unificado de filosofía racionalista.

Entendiendo el conocimiento de forma explícita, como se muestra en argumentación, como una categoría peculiar de la acción, se hace evidente de inmediato por qué la perenne insistencia racionalista de que las leyes de la lógica—comenzando con las más fundamentales, esto es, de lógica proposicional y de

---

[57] Además de las obras mencionadas en la nota 46 ver Brand Blanshard, *La Naturaleza del Pensamiento* (Londres, Allen and Unwin, 1921); M. Cohen, *Razón y Naturaleza* (Nueva York, Harcourt, Brace, 1931); idem, *Prefacio a la Lógica* (Nueva York: Holt, 1944); A. Pap, *Semántica y Verdad Necesaria* (New Haven: Yale University Press, 1958); S. Kripke, "Nombramiento y Necesidad", en D. Davidson y G. Harman, eds., *Semántica del Lenguaje Natural* (Nueva York: Reidel, 1972);. H. Dingler, *Die Ergreifung des Wirklichen* (Frankfurt/M.: Suhrkamp, 1969); idem, *Aufbau der exakten Fundamentalwissenschaft* (Munich: Eidos, 1964); W Kamlah y P. Lorenzen, *Logische Propädeutik* (Mannheim: Bibliographisches Institut, 1968), P. Lorenzen, *Methodisches Denken* (Frankfurt/M.: Suhrkamp, 1968); idem, *Lógica Normativa y Ética* (Mannheim: Bibliographisches Institut, 1969); K.
O. Apel, *Transformation der Philosophie*.

conectores ("y," "o," "si-entonces," "no") y cuantificadores ("hay," "todos," "algunos")—son proposiciones a priori verdaderas acerca de la realidad y no meras estipulaciones verbales respecto a las reglas de transformación de signos arbitrariamente elegidos, como los formalistas empiricistas creen, es correcta. Son tanto leyes del pensamiento como de la realidad, porque son leyes que tienen su fundamento último en la acción y no pueden ser deshechas por ningún actor. En toda acción, un actor identifica una situación específica y la categoriza de una manera en vez de otra para ser capaz de hacer una elección. Es esto lo que en última instancia explica la estructura de incluso las más elementales proposiciones (como "Sócrates es un hombre") que consisten de un nombre propio, o alguna expresión de identificación para nombrar o identificar algo, y un predicado, para afirmar o negar alguna propiedad específica del objeto nombrado o identificado; y que explica la piedra angular de la lógica: las leyes de identidad y de contra- dicción. Y es esta característica universal de la acción y la elección que también explica nuestra comprensión de las categorías "hay," "todos" y, por implicancia, "algunos," así como "y," "o," "si-entonces" y "no."[58] Uno

---

[58] Sobre las interpretaciones racionalistas de la lógica véase Blanshard, *Razón y Análisis*, capítulos 6, 10; P. Lorenzen, *Einführung in die operativo Logik und Mathematik* (Frankfurt/M.: Akademische Verlagsgesellschaft, 1970); K. Lorenz, *Elemente der Sprachkritik* (Frankfurt/M.: Suhrkamp, 1970);idem, "Die dialogische Rechtfertigung der Logik effektiven", en: F. Kambartel y J. Mittelstrass, eds., *Zum normativen Fundament der Wissenschaft* (Frankfurt / M.: Athenäum, 1973).

Sobre el carácter proposicional del lenguaje y la experiencia, en particular, ver W. Kamlah y P. Lorenzen, *Logische Propädeutik*, capítulo 1,P. Lorenzen, *Lógica Normativa y Ética*, en el capítulo 1. Lorenzen escribe:"Yo llamo a un uso una convención si sé de otro uso que se pudiera aceptaren su lugar. . . . Sin embargo, yo no sé de otra conducta que pueda reemplazar el uso de frases elementales. Si yo no aceptara nombres propios y predicadores, no

puede *decir*, por supuesto, que algo puede ser "a" y "no- a," al mismo tiempo, o que "y" significa otra cosa. Pero uno no puede **deshacer** la ley de la contradicción; y uno no puede deshacer la definición real de "y." Por el simple hecho de actuar con un cuerpo físico en un espacio físico nosotros invariablemente afirmamos la ley de contradicción e invariablemente mostramos nuestro conocimiento constructivo verdadero del significado de "y" y "o."

Del mismo modo, la razón última para que la aritmética sea una disciplina a priori pero empírica, como los racionalistas siempre han entendido, ahora también se vuelve discernible. La prevaleciente ortodoxia empiricista-formalista concibe la aritmética como la manipulación de signos arbitrariamente definidos de acuerdo a reglas de transformación arbitrariamente establecidas, y por tanto enteramente carente de cualquier significado empírico. Para este punto de vista, que evidentemente

---

sabría cómo hablar para nada. Cada nombre propio es una convención pero utilizar nombres propios no es una convención en absoluto: es un patrón único de conducta lingüística. Por tanto, voy a llamarlo "lógico". Lo mismo es cierto de los predicadores. Cada predicador es una convención. Esto se muestra por la existencia de más de un lenguaje natural. Pero todos los lenguajes que utilizan predicadores" ibid., p. 16). Véase también J. Mittelstrass," Die Wiederkehr des Gleichen," *Ratio* (1966).

Sobre la ley de la identidad y la contradicción, en particular, véase B.Blanshard, Razón y Análisis, pp. 276 ff, 423 ff.

Sobre una evaluación crítica de las lógicas trivalentes—o más— como formalismo simbólicos sin sentido o como lógicamente presuponiendo la comprensión de la lógica tradicional de dos valores ver W. Stegmüler, *Hauptströmungen der Gegenwartsphilosophie* vol. 2 (Stuttgart: Corona, 1975), pp. 182-91; B. Blanshard, *Razón y Análisis*, pp. 269-75.

convierte a la aritmética en nada más que juego, sin importar qué tan útil pueda ser, la aplicación exitosa de la aritmética en la física es una vergüenza intelectual. De hecho, los empiricistasformalistas tienen que explicar este hecho simplemente como un evento milagroso. Eso no es ningún milagro, sin embargo, se hace aparente una vez que el carácter praxeológico u operativo— usando aquí la terminología del filósofo-matemático racionalista más notable Paul por ejemplo, la lógica multivaluada o de textura abierta, propuesta por F. Waismann, Blanshard señala: "Nosotros sólo podemos estar de acuerdo con el Dr. Waismann— y con Hegel—que las distinciones blanco-y-negro de la lógica formal son muy inadecuadas para el pensamiento vivo. Pero ¿por qué uno debería decir, como Dr. Waismann dice, que adoptando una lógica más diferenciada uno está adoptando un sistema alternativo que es incompatible con la lógica de blanco-y-negro? Lo que él realmente ha hecho es reconocer una serie de gradaciones dentro del antiguo significado de la palabra 'no'. Nosotros no dudamos que tales gradaciones están ahí, y de hecho tantas más como él quiera distinguir. Pero un refinamiento de la lógica más antigua no es abandonar la misma. Sigue siendo cierto que el color que vi ayer era un determinado tono del color amarillo o no, aunque el 'no' puede abarcar una multitud de aproximaciones, y aunque nunca conozca cual era la sombra que vi" (ibid., pp. 273-74).

Lorenzen y su escuela—o constructivista de la aritmética es entendido. La aritmética y su carácter como disciplina intelectual sintética a priori está fundamentada en nuestra comprensión de repetición, repetición de acción. Más precisamente, descansa sobre nuestra comprensión del significado de "haz eso—y hazlo de nuevo, comenzando del resultado presente." Y la aritmética entonces se refiere a cosas reales: unidades construidas o constructivamente identificadas de algo. Demuestra qué relaciones pueden sostenerse entre dichas unidades por el hecho de que están construidas de acuerdo a la regla de la repetición. Como Paul Lorenzen ha demostrado en detalle, no, todo lo que actualmente se hace pasar por matemáticas puede ser constructivamente fundamentado—y esas partes, entonces, por supuesto, deben ser reconocidas como lo que son: juegos simbólicos epistemológicamente sin valor. Pero todas las herramientas matemáticas que son empleadas en la física, esto es, las herramientas del análisis clásico, pueden derivarse constructivamente. No son simbolismos empíricamente vacíos, sino proposiciones verdaderas acerca de la realidad. Se aplican a todo en la medida en que consisten de una o más unidades distintas, y en la medida en que esas unidades son construidas o identificadas como unida- des mediante el procedimiento de "hazlo de nuevo, construye o identifica a otra unidad mediante la repetición de la operación anterior."[59] De nuevo, uno puede

---

[59] Sobre una interpretación racionalista de la aritmética véase Blanshard, *Razón y Análisis*, pp. 427-31; sobre la base constructivista de la aritmética, en particular, ver Lorenzen, *Einführung in die operative Logik und Mathematik*; idem, *Methodisches Denken*, capítulos 6, 7; idem, Lógica Normativa y la Ética, capítulo 4; sobre la base constructivista del análisis clásico véase P. Lorenzen, *Differential und Integral: Eine konstruktive Einführung in die klassische Analysis* (Frankfurt/M.: Akademische Verlagsgesellschaft, 1965); para una crítica general brillante del formalismo matemático ver Kambartel, *Erfahrung und Struktur*, capítulo 6, esp. pp. 236-42; sobre la irrelevancia del famoso teorema de Gödel para una aritmética constructivamente fundada véase P. Lorenzen, *Metamathematik* (Mannheim: Bibliographisches Institut, 1962); también Ch. Thiel, "Das Begründungsproblem der Mathematik und die Philosophie", en F. Kambartel y J. Mittelstrass, eds., *Zum normativen Fundament der Wissenschaft*, esp. pp. 99-101. La prueba de K. Gödel—que, como prueba, incidentalmente apoya en vez de socavar la pretensión racionalista de la posibilidad de un conocimiento *a priori*—sólo demuestra que el programa formalista del joven Hilbert no puede ser realizado con éxito, porque para demostrar la consistencia de ciertas teorías axiomáticas uno tiene que poseer una metateoría con medios incluso más fuertes que los formalizados en el objeto de la teoría misma. Curiosamente, las dificultades del programa formalista habían llevado al viejo Hilbert ya varios años antes de la prueba de Gödel de 1931 a reconocer la necesidad de reintroducir

*decir*, por supuesto, que 2 más 2 es 4 a veces, pero a veces 2 ó 5 unidades, y en la realidad observacional, para los leones, los corderos o los conejos, eso incluso puede ser verdad,[60] pero en la realidad de la acción, en la identificación o la construcción de esas unidades en operaciones repetitivas, la verdad de que 2 más 2 no es nunca otra cosa que 4 no puede ser deshecha.

Además, las viejas aspiraciones racionalistas de que la geometría, esto es, la geometría euclidiana es a priori y sin embargo incorpora conocimiento empírico sobre el espacio encuentra apoyo, también, en vista de nuestra comprensión sobre las restricciones praxeológicas sobre el conocimiento. Desde el descubrimiento de las geometrías no euclidianas y en particular desde la teoría relativista de la gravitación de Einstein, la posición predominante respecto a la geometría es una vez más empiricista y formalista. Se concibe a la geometría como parte de la física empírica a posteriori, o como formalismos empíricamente sin importancia. Pero que la geometría sea bien o un simple juego, o que esté siempre sujeta a la comprobación empírica parece ser incompatible con el hecho de que la geometría euclidiana es la base de la ingeniería y la construcción, y que nadie piensa allí que tales proposiciones son verdaderas sólo hipotéticamente.[61]

---

una interpretación sustantiva de las matemáticas à la Kant, lo que daría a los axiomas un fundamento y justificación que era totalmente independiente de cualquier prueba formal de consistencia. Ver *Kambartel, Erfahrung und Struktur*, pp. 185-87.

[60] Ejemplos de este tipo son utilizados por Karl Popper con el fin de "refutar" la idea racionalista de reglas de aritmética como leyes de la realidad. Ver Karl Popper, *Conjeturas y Refutaciones* (Londres: Routledge and Kegan Paul, 1969), p 211.

[61] Véase sobre esto también a Mises, *El Fundamento Último de la Ciencia Económica*, pp. 12-14.

Reconocer al cono- cimiento como praxeológicamente restringido explica por qué el punto de vista empírico-formalista esincorrecto y por qué el éxito empírico de la geometría euclidiana no es un mero accidente. El conocimiento espacial está también incluido en el significado de la acción. La acción es el empleo de un cuerpo físico en el espacio. Sin acción no podría haber conocimiento de relaciones espaciales ni mediciones. Medir es relacionaralgo a un estándar. Sin estándares no hay medición; y no hay medida, entonces, que pueda falsar alguna vez elestándar. Evidentemente, el último estándar tiene que ser proporcionado por las normas que subyacen la construcción de los movimientos corporales en el espacio y la construcción de instrumentos de medición por medio del cuerpo de uno y de conformidad con los principios de construcciones espaciales contenidos en él. La geometría euclidiana, como nuevamente Paul Lorenzen, en particular, ha explicado, no es más ni menos que la reconstrucción de las normas ideales subyacentes a nuestra construcción de tales formas básicas homogéneas como puntos, líneas, planos y distancias, que están de manera más o menos perfecta, pero siempre perfectible, incorporados o realizados incluso en nuestros instrumentos más primitivos de mediciones espaciales, tales como una vara para medir. Naturalmente, estas normas e implicancias normativas no pueden ser falsadas por el resultado de cualquier medición empírica. Por el contrario, su validez cognitiva se fundamenta en el hecho de que son ellas las que hacen posible las mediciones físicas en el espacio. Cualquier medición real debe presuponer ya la validez de las normas que conducen a la construcción del estándar de medición de uno. Es en este sentido que la geometría es una ciencia a priori; y que tiene que ser simultáneamente considerada como una disciplina empíricamente significativa, ya que no sólo es la precondición para cualquier descripción espacial empírica, es también la pre- condición para cualquier orientación activa en el espacio.[62]

---

[62] Sobre el carácter apriorístico de la geometría euclidiana, véase Lorenzen, *Methodisches Denken*, capítulos 8 y 9; idem, *Lógica Normativa y Ética*, capítulo 5; H. Dingler, *Die Grundlagen der*

En vista del reconocimiento del carácter praxeológico del conocimiento, estas ideas sobre la naturaleza de la lógica, la aritmética y la geometría se integran en un sistema de dualismo epistemológico.⁶³ La justificación última de esta posición dualista, esto es, la afirmación de que hay dos ámbitos de investigación intelectual que pueden ser entendidos a priori que requieren

---

*Geometrie* (Stuttgart: Enke,1933); sobre la geometría euclidiana como una presuposición necesaria de la medición objetiva, es decir, intersubjetivamente comunicable, y en particular, de cualquiera verificación empírica de geometrías no euclidianas (después de todo, los lentes de los telescopios que se utiliza para confirmar la teoría de Einstein sobre la estructura no-euclidiana del espacio físico deben ser construidos de acuerdo a los principios de Euclides) ver Karnbartel, *Erfahrung und Struktur*, pp. 132-33; P. Janich, *Die Protophysikder Zeit* (Mannheim: Bibliographisches Institut, 1969), pp 45-50; idem "Eindeutigkeit, Konsistenz und methodische Ordnung ", en F. Karnbartel y J. Mittelstrass, eds., *Zum normativen Fundament der Wissenschaft*.

Siguiendo el camino de Hugo Dingler, Paul Lorenzen y otros miembros de la llamada escuela de Erlangen han trabajado un sistema de protophysics, que contiene todas las presuposiciones apriorísticas de la física empírica, incluyendo, además de la geometría, también cronometría e hilometría (es decir, la mecánica clásica sin gravedad, o la mecánica "racional"). "La geometría, la cronometría y la hilometría son teorías a priori que hacen 'posible' las mediciones empíricas de espacio, tiempo y materia. Tienen que ser establecidas antes que la física en el sentido moderno de una ciencia empírica, con hipotéticos campos de fuerzas, pueda comenzar. Por lo tanto, me gustaría llamar a estas disciplinas con un nombre común: Protofísica." Lorenzen, Lógica Normativa y Ética, p. 60.

[63] Sobre la naturaleza fundamental del dualismo epistemológico ver también Mises, *Teoría e Historia*, pp. 1-2.

métodos categóricamente diferentes de tratamiento y análisis, también recae en la naturaleza praxeológica del cono- cimiento. Eso explica por qué tenemos que diferenciar entre un campo de objetos que es categorizado causalmente y un campo que es categorizado teleológica-mente.

Ya he indicado brevemente en mi discusión sobre praxeología que la *causalidad* es una categoría de la acción. La idea de causalidad de que hay causas que operan de forma invariable en el tiempo que permiten a uno proyectar las observaciones del pasado respecto a la relación de eventos en el futuro es algo (como el empiricismo desde Hume ha notado) que no tiene ninguna base observacional. Uno no puede observar el nexo conector entre las observaciones. Incluso si uno pudiera, tal observación no probaría ser una conexión invariante en el tiempo. En lugar de eso, el principio de causalidad debe ser entendido como implicado en nuestra comprensión de la acción como una interferencia en el mundo que se observa, hecha con la intención de desviar el curso "natural" de los acontecimientos con el fin de producir un estado diferente preferido, esto es, de hacer que sucedan cosas que de otro modo no iban a ocurrir, y por lo tanto presupone la noción de eventos que se relacionan uno con otro a través de causas operativas invariables en el tiempo. Un actor puede equivocarse respecto a sus supuestos particulares acerca de cuál interferencia anterior produjo cuál resultado posterior. Pero exitosa o no, cualquier acción, modificada o no a la luz de su éxito o fracaso anterior, presupone que hay eventos constantemente conecta-dos, incluso si ninguna causa particular para un evento particular puede algún día ser pre-conocida por el actor. Sin tal suposición sería imposible clasificar dos o más experiencias de observación, como falsando o confirmando una a la otra en lugar de interpretarlas como eventos lógicamente inconmensurables. Sólo porque la existencia de causas que operan de forma invariable en el tiempo se asume de antemano puede uno encontrar casos particulares de evidencia observacional confirmando algo o no; o puede existir un actor que pueda aprender algo de la experiencia pasada mediante la clasificación de sus acciones como exitosas, confirmando un conocimiento previo, o no exitosas, no confirmando el conocimiento previo. Es simplemente por virtud de actuar y distinguir entre éxitos y fracasos que la validez a priori del principio de causalidad es establecida; incluso si uno tratara, uno no podía refutar con éxito su validez.[64]

Y así, entender la causalidad como un presupuesto necesario de la acción, implica también que su rango de aplicabilidad tiene entonces que ser delimitado a priori del de la categoría de teleología. De hecho, ambas categorías son estrictamente excluyentes y complementarias. La acción presupone una realidad observacional causalmente estructurada, pero la realidad de la acción que podemos entender como requiriendo dicha estructura, no es en sí misma causalmente estructurada. En lugar de eso, es una realidad que tiene que ser categorizada teleológicamente, como una conducta significativa dirigida-con-

---

[64] Sobre el carácter apriorístico de la categoría de causalidad ver Mises, *La Acción Humana*, capítulo 1; Hoppe, *Kritik der kausalwissenschaftlichen Sozialforschung*; idem, "¿Es Posible la Investigación Basada en Principios Científicos Causales en las Ciencias Sociales"; sobre el principio de causalidad como una presuposición necesaria en particular también del principio de indeterminación de la física cuántica y el error fundamental de la interpretación del principio de Heisenberg como invalidando el principio de causalidad ver Kambartel, *Erfahrung und Struktur*, pp. 138-40; también Hoppe, "En Defensa del Racionalismo Extremo," nota 36. De hecho, es precisamente el hecho praxeológico indiscutible de que actos separados de medición sólo pueden realizarse de forma secuencial, lo que explica la posibilidad misma de predicciones irreductiblemente probabilísticas—en lugar de determinísticas—como son características en la física cuántica; y sin embargo, para realizar cualquier experimento en el campo de la mecánica cuántica, y en particular para repetir dos o más experimentos y afirmar que este es el caso, la validez del principio de causalidad tiene evidentemente que estar ya presupuesta.

propósito. De hecho, uno no puede negar ni deshacer la idea de que hay dos campos de fenómenos categóricamente diferentes, ya que tales intentos, como acciones que tienen lugar dentro de la realidad que ser observa, tendrían que presuponer eventos causalmente relacionados, así como la existencia de intencionalidad en lugar de fenómenos causalmente relacionados para interpretar tales eventos de observación como queriendo negar algo. Ni el monismo causal ni el teleológico podría justificarse sin caer en una abierta contradicción: físicamente declarando una u otra posición, y afirmando decir algo significativo al hacerlo, se establece de hecho un caso para una complementariedad indiscutible de ambos, un campo de fenómenos causales y teleológicos.[65]

Todo lo que no es una acción tiene necesariamente que ser categorizado causalmente. No hay nada que se conozca a priori acerca de este rango de fenómenos excepto que está estructurado causalmente—y que está estructurado de acuerdo a las categorías de la lógica proposicional, la aritmética y la geometría.[66] Todo lo demás que hay que saber acerca de este rango de fenómenos tiene que ser derivado de observaciones contingentes y por lo

---

[65]Sobre la complementariedad necesaria de las categorías de causalidad y la teleología véase Mises, *La Acción Humana*, p. 25; idem, El Fundamento Último de la Ciencia Económica, pp. 6-8; Hoppe, *Kritik der kausalwissens-chaftlichen Sozialforschung*; idem "¿Es Posible hacer Investigación Basada en Principios Científicos Causales en las Ciencias Sociales?", también G. v. Wright, *Norma y Acción* (Londres: Routledgeand Kegan Paul, 1963); idem,*Explicación y Comprensión* (Ithaca, NY: Cornell University Press, 1971); K. O. Apel, *Die Erklären: Verstehen Kontroverse in transzendental-pragmatischer Sicht*, (Frankfurt/M.: Suhrkamp, 1979).

[66] Más precisamente aún: está estructurado de acuerdo a las categorías de la lógica, la aritmética y la protofísica (incluyendo geometría). Véase lanota 62.

tanto representa conocimiento a posteriori. En particular, todo conocimiento sobre dos omás eventos específicos observacionales causalmente relacionados o no es conocimiento a posteriori. Obvia- mente, el rango de fenómenos descritos en esta forma coincide (más o menos) con lo que usualmente se considera como el campo de las ciencias naturales empíricas.

Por el contrario, todo lo que es una acción tiene que ser categorizado teleológicamente. Este campo de fenómenos está restringido por las leyes de la lógica y laaritmética, también. Pero no está restringido por las leyes de la geometría, como incorporadas en nuestros instrumentos para medir objetos que se extienden espacialmente, ya que las acciones no existen aparte de las interpretaciones subjetivas de las cosas observables; y por lo tanto tienen que ser identificadas por la comprensión reflexiva en lugar de con mediciones espaciales. Las acciones tampoco son eventos causalmente conectados, sino eventos que están conectados de manera significativa dentro de un marco de categorías de medios y fines.

Uno **no** puede conocer a priori cuáles son o serán los valores, las opciones y los costos *específicos* de un actor. Eso cae enteramente en la provincia del conocimiento empírico a posteriori. De hecho, la acción particular que un actor que va a realizar dependerá de su conocimiento sobre la realidad observacional y/o la realidad de las acciones de otros actores. Y sería imposible concebir tales estados del conocimiento como predecibles sobre la base de causas que operan de forma invariable en el tiempo. Un actor con capacidad de aprender no puede predecir su conocimiento futuro antes de que realmente lo haya adquirido, y él demuestra—simplemente por virtud de distinguir entre las predicciones exitosas y no exitosas—que tiene que concebirse a sí mismo como capaz de aprender de experiencias desconocidas en formas aún desconocidas. Así, el conocimiento sobre el curso particular de acción es sólo posteriori. Y puesto que tal conocimiento tendría que incluir el conocimiento del mismo actor— como ingrediente necesario de toda acción, cuyo cambio puede tener influencia en la acción particular elegida—el conocimiento teleológico también tiene que ser necesariamente reconstructivo, o conocimiento histórico. Sólo proporcionará explicaciones ex-post que no tendrían ninguna relación sistemática sobre la predicción de acciones futuras, porque, en principio, los futuros estados del conocimiento nunca pueden predecirse sobre la base de causas empíricas que operan de forma constante. Obviamente, tal delimitación de una rama de ciencia a posteriori y reconstructiva de la acción se ajusta a la descripción usual de disciplinas como la historia y la sociología.[67]

Lo que *es* sabido ser verdadero a priori, en el campo de la acción, y lo que tendría entonces que restringir cualquier explicación histórica o sociológica es losiguiente: Por un lado, tal explicación, que esencial- mente tendría que reconstruir el conocimiento del actor, invariablemente tendría que ser una reconstrucción en términos del conocimiento de fines y medios, de elecciones y costos, de ganancias y pérdidas, y así por el estilo. Y en segundo lugar, dado que esas son evidentemente categorías de praxeología como concebidas por Mises, tal explicación también tiene que ser restringida por las leyes de la praxeología. Y puesto que estas leyes son, como ya he explicado, leyes a priori, tienen también que operar como restricciones lógicas sobre cualquier curso futuro de acción. Son válidas independientemente de cualquier estado específico de conocimiento que el actor posea, simplemente por el hecho de que cualquiera que sea ese estado, tiene que ser descrito en términos de categorías de acción. Y en lo que se refiere a las acciones, las leyes de la praxeología tienen entonces que coextenderse a todo el conocimiento predictivo que puede haber en el campo de la ciencia de la acción. De hecho,

---

[67] Sobre la lógica de la historia y la sociología como disciplinas reconstructivas, además de las obras de Mises que se mencionan al comienzo de este capítulo ver Hoppe, *Kritik der kausalwissenschaftlichenSozialforschung*, capítulo 2.

ignorando por el momento que el status de la geometría como ciencia a priori estaba basado últimamente en la comprensión de la acción por lo que la praxeología tendría que ser considerada como una disciplina cognitiva más funda- mental, el rol peculiar adecuado de la praxeología dentro de todo el sistema de epistemología puede ser entendido análogo al de la geometría. La praxeología es al campo de acción lo que la geometría euclidiana es al campo de observaciones (no acciones). Así como la geometría incorporada en nuestros instrumentos de medición restringe la estructura espacial de realidad observacional, igual la praxeología restringe el rango de cosas que posiblemente pueden ser experimentadas en el campo de las acciones.[68]

# IV

Estableciendo el lugar propio de la praxeología, he cerrado el círculo delineando al sistema de filosofía racionalista como basado en última instancia en el axioma de la acción. Ha sido mi meta aquí reafirmar la posición de Mises de que la economía es la praxeología; de que el caso de la praxeología es indiscutible; y que las interpretaciones empiricistas o historicistas-hermeneuticista de la economía son doctrinas autocontradictorias. Y ha sido mi objetivo indicar que la idea de Mises sobre la naturaleza de la praxeología también proporciona el fundamento mismo sobre el que filosofía racionalista tradicional puede ser reconstruida con éxito, y sistemáticamente integrada.

---

[68] Sobre el carácter distintivo categórico de la teoría praxeológica y la historia, y la sociología y las restricciones lógicas que la praxeología impone sobre la investigación histórica y sociológica, así como en las predicciones sociales y económicas véase Mises, *La Acción Humana*, pp. 51-59, 117-18; Hoppe, "En Defensa del Racionalismo Extremo."

Para el filósofo racionalista, esto implica que debe tomar en cuenta la praxeología. Porque es precisamente la idea de las restricciones praxeológicas sobre la estructura del conocimiento lo que proporciona el eslabón perdido en su defensa intelectual contra el escepticismo y el relativismo. Para el economista en la tradición de Mises esto significa, yo afirmo, que debe explícitamente reconocer su lugar dentro de la tradición más amplia del racionalismo occidental; y que debe aprender a incorporar las ideas proporcionadas por esta tradición para construir un caso aún más impresionante y profundo para la praxeología y la economía austriaca que la hecha por el gran Mises mismo.

# Lecturas Recomendadas

Block, Walter. "On Robert Nozick's 'On Austrian Methodo-logy.' " *Inquiry* 23 (1980).

Hollis, Martín, y Nell Edward. *Hombre Económico Racio- nal: Una Crítica Filosófica de la Economía Neo-Clásica.* Cambridge: Cambridge University Press, 1975.

Hoppe, Hans-Hermann. *Kritik der kausalwissenschaftlichen Sozialforschung. Unterschungen zur Grundlegung von Soziologie undÖkonomie.* Opladen: Westdeutscher Verlag, 1983.

—. "¿Es Posible la Investigación Basada en Principios Científicos Causales en las Ciencias Sociales?" *Ratio*25, no. 1 (1983).

—. "En Defensa del Racionalismo Extremo." *Review of Austrian Economics* 3 (1988).

—. *Una Teoría de Socialismo y Capitalismo.* KluwerAcademic Publishers, 1989.

—. "Sobre Praxeología y los Fundamentos Praxeológicos dela Epistemología y la Ética." En Llewellyn H. Rockwell,Jr., ed., *El Significado de Ludwig von Mises.* Auburn, Alabama: Ludwig von Mises Institute, 1989.

—. *La Economía y Ética de la Propiedad Privada.* Kluwer Academic Publishers, 1993.

Kirzner, Israel M. *El Punto de Vista Económico.* KansasCity, Kansas. Sheed y Ward, 1976.

Lavoie, Don. "De Hollis y Nell, a Hollis y Mises." *Journal of Libertarian Studies*, I, n. 4 (1977).

Mises, Ludwig von. *Problemas Epistemológicos de la Economía*. Nueva York: New York University Press, 1981.

—. *La Acción Humana: Tratado de Economía*. Chicago: Henry Regnery, 1966; Primera Parte.

—. *Teoría e Historia*, Washington, DC: Ludwig von Mises Institute, [1969] 1985.

—. *El Fundamento Último De La Ciencia Económica*, de Kansas City, Kansas. Sheed Andrews y McMeel, 1978.

Rizzo, Mario. "La Praxeología y Econometría: Una Crítica ala Economía Positivista". En Louis M. Spadaro, ed., *Nuevas Direcciones de la Economía Austriaca*. Kansas City, Kansas. Sheed Andrews y McMeel, 1978.

Robbins, Lionel. *La Naturaleza Y Significado De La Ciencia Económica*. Nueva York: New York University Press, 1984.

Rothbard, Murray N. "Praxeología: Respuesta al Sr. Schuller" *American Economic Review*, Diciembre de 1951.

—. "En Defensa Del Apriorismo Extremo." *Southern Economic Journal* 23, no. 3 (enero 1957).

—. *Hombre, Economía y Estado*. 2 Vols. Los Angeles: Nash1970 [1962]; Capítulo 1.

—. "Praxeología: La Metodología De La Economía Austria-ca." En Edwin Dolan, ed., *Los fundamentos de la Economía Austriaca Moderna*. Kansas City, Kansas.

Sheed y Ward, 1976.

—. *El Individualismo y La Filosofía De Las Ciencias Sociales*. San Francisco: Cato Institute, 1979.

Selgin, George. "Praxeología y Entendimiento. Un Análisis De Controversia En La Economía Austriaca" *Review of Austrian Economics* 2 (1987).

Strigl, Richard von. *Die ökonomischen Kategorien und die Organisation der Wirtschaft*. Jena: Gustav Fischer, 1923.

# SOBRE EL AUTOR

Hans-Hermann Hoppe es economista de la Escuela Austriaca y filósofo libertario/anarco-capitalista. Es profesor de economía en la Universidad de Nevada, Las Vegas, miembro distinguido del Ludwig von Mises Institute, fundador y presidente del Property and Freedom Society, y editorat-large del Journal of Libertarian Studies. Nació el 2 de septiembre de 1949, en Peine, Alemania. Asistió a la Universität des Saarlandes, Saarbrücken, el Goethe-Universität, Frankfurt/M., y la Universidad de Michigan, Ann Arbor, para estudios en filosofía, sociología, historia, y la economía. Obtuvo su Ph.D. (filosofía 1974) y su "Habilitación" (sociología y economía, 1981), ambos en la Goethe-Universität, Frankfurt/M. El profesor Hoppe es el autor de Handeln und Erkennen (1976); Kritik der kausalwissenschaftlichen Sozialforschung (1983); Eigentum, Anarchie und Staat (1987), Teoría del Socialismo y el Capitalismo (1988), La Economía y Ética de la Propiedad Privada (1993; 2ª ed. 2006), Democracia—El Dios Que Falló (2001), El Mito de la Defensa Nacional (2003), y numerosos artículos sobre filosofía, economía y ciencias sociales.

Economic Science and The Austrian Method
Hans-Hermann Hoppe

Edición en inglés de 2007 por el Instituto Mises (mises.org).
Licencia «Creative Commons Atribución-NoComercial-SinDerivar 4.0
Internacional»
https://creativecommons.org/licenses/by-nc-nd/4.0/deed.es

Traducido al español por Fabricio Terán.


La ciencia económica y el método austriaco
Hans-Hermann Hoppe
Traductor: Fabricio Terán

www.ingramcontent.com/pod-product-compliance
Lightning Source LLC
Chambersburg PA
CBHW070320220526
45465CB00013B/1694